HEYNE‹

Der Autor

Kurt Tepperwein, geboren 1932 in Lobenstein, war erfolgreicher Unternehmer, ehe er sich 1973 aus dem Wirtschaftsleben zurückzog. Er wurde Heilpraktiker und Forscher auf dem Gebiet der wahren Ursachen von Krankheit und Leid. Er lehrte an verschiedenen internationalen Institutionen, seit 1997 ist er Dozent an der *Internationalen Akademie der Wissenschaften* in Vaduz. Er gilt als einer der bekanntesten Lebenslehrer Europas. Kurt Tepperwein ist Autor von mehr als 50 Büchern, Audiotapes und CDs. Wenn er sich nicht auf Vortragsreise befindet, lebt der Autor auf Teneriffa.

KURT TEPPERWEIN

Sich öffnen
für das Leben

Der Weg zu
Glück und Bewusstheit

WILHELM HEYNE VERLAG
MÜNCHEN

Verlagsgruppe Random House FSC-DEU-0100
Das für dieses Buch verwendete FSC-zertifizierte Papier
Holmen Book Cream liefert Holmen Paper, Hallstavik, Schweden.

Originalausgabe 09/2012

Umschlaggestaltung: Guter Punkt, München
Umschlagmotiv: © infografick/shutterstock
Herstellung: Helga Schörnig
Satz: Christine Roithner Verlagsservice, Breitenaich
Druck und Bindung: GGP Media GmbH, Pößneck

ISBN 978-3-453-70200-4

http://www.heyne.de

Inhalt

Vorwort

Sich dem Leben zu öffnen bedeutet, das Leben etwas genauer zu betrachten und in tiefere Schichten vorzudringen, es nicht nur in Augenschein zu nehmen und mit den Sinnen wahrzunehmen, sondern den Mut zu haben, dahinter zu sehen. Eine oberflächliche Betrachtungsweise ist wie ein Tiefschlaf und verhindert ein harmonisches und glückliches Leben. Wahres Glück verbirgt sich hinter allem. Es ist nicht etwas, was kommt und geht und es ist auch kein Zustand. Wahres Glück ist wie ein zentraler Punkt, denn es ist dort, wo Bewusstsein ist. Dieser Punkt ist der Ursprung aller Dinge und dehnt sich bis ins Unendliche aus. Bewusstsein ist überall. Bewusstes Sein bedeutet, dem Glück zu begegnen.

Es gibt viele Möglichkeiten, in das Leben einzutauchen und es zu ergründen. Da jeder Mensch den Wunsch in sich trägt, wieder so zu sein, wie er »vom Universum« gedacht ist, ist die Suche verständlich. Mit der Suche entfernt man sich aber vorerst, um zu einem späteren Zeitpunkt wieder zu sich selbst zurückzufinden. Es ist verrückt. Die ganze Welt ist verrückt, und das muss auch so sein. Wir können uns aber wieder zurechtrücken, und auch der, der sich seiner Suche nicht bewusst ist, hegt den Wunsch »anzukommen«. Dazu braucht man gar nicht besonders bewusst zu leben, denn viele Menschen leben oft ganz unbewusst im Einklang mit sich und der Natur. Man könnte sagen, sie haben das Herz am rechten Fleck oder sind von Natur aus zufrieden. Die Blume ist sich ihres Wachstums auch nicht bewusst und streckt sich der Sonne entgegen. Sie wächst, weil sie wächst und sie ist einfach da. Doch wir Menschen sind nicht da, wir sind gar nicht anwesend. Wir steuern dagegen und nehmen die Illusion als Realität wahr. Dieses Hinnehmen bedeutet Stagnation auf allen Ebenen des Seins. Unsere Körper zeigen sich zwar in diesem Raum des Lebens, doch das reicht nicht aus, um Zufriedenheit zu erfahren. Viele Menschen haben vergessen, was Zufriedenheit ist. Diese Unzufriedenheit geschieht allmählich, weil wir uns selbst vergessen haben. Nur Selbstvergessenheit erzeugt Disharmonien. Doch Zufriedenheit ist etwas, was man nicht einfach nur vermissen muss.

Es gibt viele Möglichkeiten, um Schritt für Schritt zufriedener zu werden. Das bedeutet gleichzeitig auch bewusster zu »werden«, denn Zufriedenheit ist eine automatische Folgeerscheinung von bewusstem Sein. Ich kann mir nicht wünschen, satt zu sein. Wenn ich etwas esse, dann ergibt sich ein Sattsein. Das heißt, Zufriedenheit ist etwas, was sich ergibt, und nicht etwas, was man ansteuern muss. So satteln wir das Pferd ständig verkehrt herum auf und wundern uns darüber, warum der Kopf an der falschen Stelle sitzt. Der Kopf sitzt nicht falsch, und auch der Schwanz ist an der richtigen Stelle, es wurde nur verkehrt aufgesattelt. So strengt sich der Mensch andauernd an, um zufriedener zu werden, anstatt sich um das Bewusstsein zu kümmern, das automatisch Zufriedenheit mit sich bringt. Bewusstsein kann mit Glück, Harmonie, Gelassenheit, Freude und vielem mehr aufwarten, weil es das alles ist. Es stellt sich die Frage: Was können wir tun, um mehr Bewusstsein zu erlangen und uns der Göttlichkeit in uns anzunähern?

Auch wenn wir schon vieles ausprobiert haben, ist es doch so, dass wir uns schnell wieder in unserem Alltagstrott verlieren. Wir vergessen, was wir tun können, und tun »alles das« umso mehr, was uns vergessen lässt. Wir verlieren uns in allerlei unnötigen Tätigkeiten, die wir überbewerten und wenden uns so vom Leben ab. Sich dem Leben zuwenden bedeutet nicht einfach, so vor sich hinzuleben, sondern die oberflächlichen Dinge etwas beiseitezulassen. Das heißt aber nicht, dass wir unser Leben komplett ändern müssen, sondern dass wir erkennen, was uns wirklich glücklich macht. Wir haben alle schon unzählige Erlebnisse hinter uns. Die einen empfanden wir traurig und die anderen haben uns erfreut. Doch wo ist die Freude geblieben? Sie haben nichts erlebt, was Sie dauerhaft glücklich gemacht hat? Wie kann das sein?

Wie wir bereits festgestellt haben, gibt es nichts auf der Welt, was uns dauerhaftes Glück bescheren kann. Da wir in der Dualität leben und alles einem stetigen Wandel unterliegt, kann das gar nicht anders sein. Nicht nur die Dinge kommen und gehen, sondern auch Gefühle, Gedanken und Situationen ändern sich. Es gibt also nichts Gleichbleibendes. Warum jagen wir dann alle dem Glück hinterher und versuchen alles daranzusetzen, um in uns stimmig zu sein, wenn es doch gar nicht möglich ist?

Es braucht viel Energie, und es ist anstrengend, immer wieder Zustände zu erzeugen, die uns kurzfristig bei guter Laune halten. Wenn auch Ihnen diese kurzweiligen Höhenflüge schon lange nicht mehr genügen und Sie wirklich bereit sind, sich selbst zu begegnen, dann haben Sie mit diesem Buch die passende Wahl getroffen. Ich erzähle Ihnen nichts Neues, weil es nichts Neues gibt. Ich kann Sie lediglich darauf aufmerksam machen, was Sie sind, und mich mit Ihnen gemeinsam langsam an das bewusste Sein herantasten, damit Sie dem Leben mit geöffnetem Herzen begegnen können. Auch wenn es keiner Übungen bedarf, ist es dennoch notwendig, kleine Hilfestellungen in Anspruch zu nehmen, solange wir noch nicht »angekommen« sind. Solange wir noch glauben, irgendetwas erreichen zu müssen, leben wir aus der dualen Sichtweise heraus. Das bedeutet, dass wir uns nicht nur mit der Materie, sondern auch selbst als Teil der Materie identifizieren. Deshalb können wir sie auch nutzen, um durch sie in uns anzukommen und unser wahres Selbst zu entdecken.

»Ankommen«: Was heißt das?

Ankommen können wir nirgends, weil wir niemals von uns weg waren. Wir sind nirgends hingegangen, wir haben nur kurz vergessen, was unsere wahre Herkunft ist. Wir glauben, Mensch zu sein, und definieren uns über unser Körpergefühl. Unser Ego, unsere Gedanken, Gefühle und allerlei persönliche Wahrnehmungen sorgen schon dafür, dass wir in dieser »Ich bin ein Mensch«-Sichtweise verhaftet bleiben. Wir benutzen einen Körper, der mit Sinnen bestückt und mit allerlei Instrumenten ausgestattet ist. Diese Instrumente, die wir sicher oft als sehr einschränkend empfinden, können uns sehr hilfreich sein. Nur über diese »Ich bin ein Mensch«-Täuschung ist es möglich, zu unserem Bewusstsein, »zu uns als Bewusstsein« zurückzukehren. Doch vorerst sollten wir uns bewusst machen, dass wir »dieser Mensch« nicht sind. Wie ich bereits sagte, benutzen wir einen Körper, doch wir sind kein Körper. Wir sind ewiges Bewusstsein. Das gilt es zu erkennen.

Nun wissen sehr viele Menschen, dass sie Bewusstsein sind, doch dieses Wissen hilft ihnen nicht weiter. Wenn Sie ein Buch in der Hand halten, ist es notwendig, es zu lesen, um den Inhalt zu erfahren. Das heißt, Sie müssen etwas tun, um sich diesem Wissen zu öffnen. Der Inhalt des Buches ist immer gleichzeitig vorhanden, doch Sie brauchen Zeit, um ihn Seite für Seite in sich aufnehmen zu können. Wenn Sie das Buch nun gelesen haben, dann wissen Sie zwar um den Inhalt, aber Sie haben den Inhalt des Buches nur im Kopf. Wie ist es denn bei einer Gebrauchsanweisung? Was nutzt Sie Ihnen, wenn Sie sich nicht daran halten? Sie werden das Gerät nicht in Gebrauch nehmen, es eventuell nicht bedienen können. Genauso ist es mit dem Leben. Das Leben ist hier, um bedient zu werden, und wartet nur darauf, dass Sie davon Gebrauch machen. Es ist wie bei einer Maschine: Nach der Inbetriebnahme braucht sie die richtige Pflege. Kümmert man sich nicht um sie, wird sie eines Tages verrosten. Bei uns hat der Rost schon etwas angesetzt. Deshalb sollten wir wieder zum Leben erwachen, zum wahren Leben, welches Wahrhaftigkeit bedeutet.

Einige Hilfestellungen in diesem Buch werden Ihnen vielleicht bekannt vorkommen. Aber kennen ist nicht können und können ist nicht tun. Das alleinige Tun ist auch nur ein Vorgang und das Tun ist nur Mittel zum Zweck, um in tiefere Schichten vorzudringen. Also geht es nie um die Übung, um den Schritt, um die Anleitung oder um die Erfahrung, sondern nur darum, welche Energien dabei freigesetzt werden. Je weicher man wird, desto schneller wird die harte Schale dahinschmelzen können. Wenn Sie etwas kennen bzw. wissen, dann ist das gut, denn das ist die Voraussetzung für die Anwendung und öffnet Sie für den nächsten Schritt. Wenn Sie es dann umsetzen, dann ist das besser, doch es geht nicht um die Umsetzung selbst, sondern wiederum um das Dahinter. So öffnen Sie sich ein Stück mehr und werden wieder bewusster. Je bewusster Sie werden, desto näher rücken Sie dem vollkommenen Bewusstsein. Nachdem Sie es umgesetzt haben, erfahren Sie etwas. Diese Erfahrung ist gelebtes Wissen. Nur gelebtes Wissen ist wahres Wissen und kann somit seinen vollen Wert ausschöpfen. Doch dies spielt sich alles in dem Raum ab, wo der Mensch etwas tut, etwas fühlt und etwas erfährt. Da ich nicht dieser Mensch bin, ist dieser Ablauf notwendig, um nach unendlich vielen Erfahrungen den Schleier zu lüften und mich als Bewusstsein zu erkennen. Bewusstsein durchdringt alles, weil es in allem ist. Es gibt nichts anderes als Bewusstsein und es nährt auch den Raum, in dem sich der Mensch bewegt. Doch bewusstes Sein spielt sich hinter diesem Lebensraum ab. Das heißt, »unsere Körper« sind zwar in dieser Welt, die wir als Welt bezeichnen, aber das, was wir wirklich sind, bleibt unsichtbar. Das Bewusstsein steht an erster Stelle. So können wir eine beobachtende Position einnehmen.

Es ist nicht der Körper, der mit den Augen beobachtet, sondern das Bewusstsein, das die Augen des Körpers nutzt, um in die Welt zu sehen.

Wir nehmen den Körper natürlich weiterhin wahr, aber wir wissen, dass wir nicht dieser Körper sind. Der Bezug zum Körper wurde getilgt. Man kann nicht plötzlich »bewusst sein«. Wir sind ja nichts anderes und werden nie etwas anderes sein. Doch um es zu umschreiben und es Ihnen näherzubringen, könnte man sagen: *Natürlich ge-*

schieht es plötzlich, weil alles plötzlich geschieht, doch dem geht eine Entwicklung voran, die uns nach und nach von der untrüben Sichtweise befreit. Stellen Sie sich ein Fenster mit einer Gardinenstange vor. Auf dieser Gardinenstange hängen unendlich viele Vorhänge. Jedes Mal, wenn Sie einen Vorhang zur Seite ziehen, kommen Sie der möglichen Sicht durch das Fenster näher. Dieses »Wegfallen« der Vorhänge geschieht bei jeder Erkenntnis, bei jeder Hinwendung an das höchste Selbst, bei jeder Herzenserinnerung an Gott, bei jeder Öffnung durch bewusste »Schritte«, in der Gedankenstille usw. All das lüftet einen von unzählig vielen Vorhängen. Das Fenster ist immer da. Dahinter ist freie Sicht auf das Bewusstsein, das Fenster ist also nur verdeckt. Es geht einzig und allein darum, diese Vorhänge beiseitezuschieben. Je öfter, desto besser. Was geschieht?

Es ist so, als ob Sie ein kleines Steinchen über eine hohe Mauer werfen. Sie tun das jeden Tag mehrmals. Eines Tages kann derjenige, der hinter der Mauer steht, bequem darüberspazieren. So ist es mit bewusstem Leben. *Sie sind derjenige, der hinter der Mauer steht, und bilden sich ein, derjenige vor der Mauer zu sein.* Es reicht nicht aus, um vom Bewusstsein zu wissen. Es genügt auch nicht, einfach einmal kurz an das Wort Gott zu denken oder sich hinzusetzen und in die Natur zu sehen. *Die Regelmäßigkeit des täglichen bewussten Seins ist eine Grundvoraussetzung, damit die Samen wachsen können.* Eines Tages werden sie Früchte tragen. Denken Sie an das Bild mit der Mauer: Nur das mehrmalige Werfen des Steins über die Mauer wird schlussendlich zum Ziel führen. Natürlich kann man

Bewusstsein nicht als Ziel bezeichnen, doch die irdische Sprache kann immer nur auf etwas hinweisen. Auch sie ist nur Mittel zum Zweck. Selbst wenn wir vieles schon wissen, sollten wir bewusster hinhören und hinspüren, denn ungelebtes Wissen wird immer wertlos sein.

Die »Kenn-ich-schon«-Falle

Viele Möglichkeiten, die wir nutzen können, um bewusster mit dem Alltag, uns selbst und unserem Umfeld umzugehen, sind durchaus bekannt. Man hat sie schon oft gehört, gelesen, besprochen oder vielleicht sogar schon einmal versucht, doch irgendwie sind diese Ansätze wieder abhandengekommen. Diese unterstützenden Maßnahmen sind wie Samen. Sie müssen gegossen und gepflegt werden und benötigen Aufmerksamkeit – jeden Tag, sonst werden sie niemals erblühen. Bewusstseinserweiternde Wiederholungen sind keine Schuhe, die man anprobiert, um dann festzustellen, dass sie nicht passen. Anfangs können Blasen auftreten und vielleicht werden sie einem zu »schwer« und zu anstrengend sein. Doch gute Schuhe müssen gut eingelaufen sein. Wenn Sie eine lange Wanderung machen – und das ist das Leben ja –, dann müssen die Schuhe sehr gut eingelaufen werden, um Sie an Ihr Ziel zu tragen. Es lohnt sich also, sie einzulaufen und täglich auszuführen, um sich darin rundum wohlzufühlen. Doch wir wären nicht Menschen, wenn wir nicht auch unsere Zweifel hätten. War ich zu wenig diszipliniert? Hat der Zeitpunkt nicht gestimmt? Habe ich etwas falsch gemacht? Das sind nur ein paar Fragen, die auftauchen können und manch einen in Unsicherheit wiegen. Die Problematik liegt darin, dass der Mensch eine Übung macht, weil er etwas ändern möchte. Jetzt hat der Mensch ein Buch vor sich, in dem es ein paar ganz interessante Anleitungen gibt. Schnell alle durchprobieren, sagt sein Verstand. Am besten gleich alle hintereinander und sofort muss es sein, wenn möglich gleich während des Lesens. Das spart Zeit.

Hilfestellungen sind nur dann sinnvoll, wenn Sie sich auch davon angesprochen fühlen, sich aus ganzem Herzen und aus voller Überzeugung darauf einlassen und sie immer wieder auf sich wirken lassen, um sie schlussendlich in das Tagesprogramm einzubeziehen. *Spiritualität ist gelebter Alltag und bewusster Alltag ist spirituell.* Das heißt, zurück zu den Wurzeln zu sehen und die Ursprünglichkeit wiederentdecken, um sie nach außen zu tragen. Die Schönheit von innen nach außen kehren, so könnte man es auch nennen. Man sollte nichts so einplanen, dass es zu einem Zwang wird. Es sollte ohne Absicht und Erwartungen geschehen. Ihre Intuition wird Sie lenken, wenn Sie denn auf sie hören. *Die Übung soll also zu Ihnen finden und nicht Sie zu ihr.* Dann folgen Sie einem natürlichen Drang, der Sie unterstützen und lenken wird. Der Verstand aber denkt sich: »Aha, das hört sich gut an. Das versuche ich gleich einmal. Hoffentlich ändert das etwas an meiner Situation« oder »Hoffentlich hilft mir das.« *Übungen sind nicht dazu da, um Ihnen im wortwörtlichen Sinn zu »helfen« und ein Problem sofort zu beseitigen, sondern um Sie ganz langsam und sachte an sich selbst heranzuführen.* Viele Menschen machen ein paar Mal eine Übung. Das war es dann auch schon. *Bewusstes Leben ist eine Lebenseinstellung, wobei Wissen erlebt und erfahren wird.* Ein Vor-sich-hin-Leben und zwischendurch ein paar Anleitungen ausprobieren ist es bestimmt nicht. Denken Sie an die Schuhe, sie müssen gut eingelaufen werden und sich wie ein Paar zweite Füße anfühlen. Irgendwann sollten sie so selbstverständlich sein, dass Sie sie gar nicht mehr spüren. Sie sollten ständig präsent sein und zum Teil Ihres Lebens werden. Es geht darum, sich wirklich um »sein« Bewusstsein zu kümmern und sich im Alltag zu »bemühen«, dem Wesentlichen mehr Aufmerksamkeit einzuräumen. *Mit Bemühen meine ich aber nicht, sich dabei anstrengen zu müssen, sondern bewusst anwesend zu sein.* Sich immer wieder daran zu erinnern, dass es im Leben darum geht, zu Bewusstsein zu kommen und nicht in der tiefen Vergessenheit zu bleiben.

Der Mensch isst, trinkt und schläft. Was nutzt ihm das, wenn er sich nicht regelmäßig um sein spirituelles Leben kümmert? *Er ist nicht geboren, um zu überleben, sondern um wahrhaftig zu leben.* Das bedeutet, immer wieder aus den Abzweigungen und Sackgassen auf den Weg zurückzukehren und dabei nach sich selbst Ausschau zu halten. Der Fokus sollte immer auf das Bewusstsein ausgerichtet sein. Es gibt nur die eine Richtung, die uns zum wahren Glück führen wird. Auch wenn diese Richtung Millionen von Möglichkeiten in sich trägt und alle sehr verlockend erscheinen: Haben wir den einen Weg für uns entdeckt, werden Millionen Möglichkeiten bedeutungslos sein. Der innere Drang nach Freiheit animiert uns immer wieder dazu, verschiedene Möglichkeiten auszuprobieren, denn erst wenn alles durchlebt worden ist, wird sich die höchste Erfüllung einstellen können.

Lassen Sie sich also von Ihrem Verstand nicht in die Falle locken, wenn er Ihnen wieder einmal »Kenne ich schon« zuflüstert. Wenn dies geschieht, halten Sie kurz inne und machen Sie sich bewusst, dass das Leben Sie nicht umsonst daran erinnert. Immer wenn Ihnen das Leben eine neue Information zuspielt, hat das einen triftigen Grund. Erst wenn es von Ihnen zur Kenntnis genommen und beachtet wird, dann ist es vollzogen. Ich nenne alles, was in unser Leben tritt, was wir nur allzu gerne ignorieren, aber stets eine Botschaft in sich trägt, einfach Hausaufgaben. Wir könnten es auch als Probe, Prüfung oder Herausforderung bezeichnen, doch lassen Sie uns einfach bei der Hausaufgabe bleiben.

Alles, was wieder in Ihr Leben tritt, braucht also keinen Kommentar wie »Nein, nicht schon wieder«, »Immer das Gleiche« oder »Das hatten wir ja schon«, sondern: *»Ah, da bist du wieder. Herzlich willkommen! Jetzt nehme ich mir aber für dich Zeit. Verzeih, wenn ich mich bis jetzt nicht um dich gekümmert habe.«* So könnte es aussehen, denn wenn Sie in diesem Punkt, der nun wieder als Hausaufgabe in Ihr Leben tritt, noch nicht aufmerksam genug waren, um die Botschaft zu erkennen, dann tritt diese Erinnerung in Erscheinung. Statt »nicht schon wieder« darf ruhig »schön, dass du wieder hier bist« empfunden werden. Das Leben erinnert Sie nur daran, dass hier noch etwas zu tun ist. Sobald Sie Ihre Hausaufgaben gemacht haben und dieses Thema auch wirklich beendet ist, taucht dieser Punkt nicht mehr auf.

Jetzt kann Ihnen das Leben den nächsten Schritt bewusst machen. Sagen Sie jetzt aber nicht: »Wenn ich mir nun zum Beispiel ein Buch kaufe, das mich erneut mit dem komplett gleichen Thema konfrontiert, wie soll ich das dann sehen, wenn ich die Erfahrung gar nicht mehr brauche?« Überlassen wir es dem Leben, uns das zu geben, was für uns nützlich ist. Es liefert nur wertvolle Erfahrungen. Wenn wir mit einer Erfahrung nicht einverstanden sind oder sie ablehnen, heißt das aber nicht, dass sie nicht wertvoll ist. Es liegt dann nicht an der Sache, sondern wie wir dazu stehen. *Hier gilt es, die Sichtweise zu ändern und nicht die Sache selbst. Alles ist gut, wie es ist, sonst wäre es nicht so.* Wir sollten uns daher bemühen, alles, was uns begegnet, als Geschenk zu sehen und den Nutzen, der darin liegt, zu erkennen. Das Leben ist intelligent genug. Es macht keine Fehler. Es wird uns genau zu dem hinführen, was für uns hilfreich sein wird. Es weiß auch zu verhindern, dass etwas nicht in Ihr Leben gelangt.

Viele Menschen bitten um Führung. Wenn dann etwas geschieht, dann sind sie damit nicht einverstanden. Es ist sinnvoll, jeden Schritt zu gehen und uns nicht unnötig darin aufzuhalten. Hinsehen, spüren, erkennen und erfahren. Schon geht es weiter. Wir müssen nicht immer erkennen, welche Botschaft dahintersteckt, oft geht es nur darum, es so sein zu lassen. Da wir ständig Widerstand leisten, ob wir das nun in Gedanken, im Gefühl oder in der Tat tun, ist der Fall oft schon erledigt, wenn wir uns der Situation einfach hingeben. Das Leben innerlich bejahen macht Sinn, denn auch ohne unser Einverständnis wird es sich so zeigen, wie es für uns am besten ist. Natürlich können wir nur selten sehen, was für uns optimal ist. Vertrauen wir deshalb dem Leben und erleben wir den

Tag bewusst. Treten wir ein in unser Bewusstsein und erfahren wir uns als das höchste Selbst, das wir sind. Wie funktioniert das?

Es gibt viele Schritte, die hilfreichsten werde ich Ihnen hier aufzeigen. Nutzen Sie die Möglichkeiten und entscheiden Sie sich *jetzt* für ein neues Leben – voller Wunder und Überraschungen. Bevor aber ein Schritt nicht vollzogen ist, können Sie den nächsten nicht tun. Denken Sie stets daran. Lassen Sie sich lenken und schauen Sie sich das Leben etwas genauer an. Sie werden erkennen, dass im Grunde alles ganz einfach ist.

Das Leben durchschauen

Stellen Sie sich vor, das Leben wäre eine Schule oder ein Spielplatz für Erstklässler. Man könnte es wahrlich so bezeichnen und die Erde als einen großen Spielplatz ansehen. In einem Spiel gibt es immer Verlierer und Gewinner. In diesem Spiel soll es nur Gewinner geben. Das Leben ist kein Wettkampf, in dem man besser sein muss als der andere. Man könnte aber meinen, dass das viele Menschen so verstehen. Einige Spielfiguren versuchen besser zu sein als die anderen. Schneller, schöner, reicher, intelligenter möchten sie sein und was ihnen noch so alles einfällt, um ihr Ego zu polieren. So ist das Spiel aber nicht gemeint. Wie kommt es zu diesen Missverständnissen? Warum gibt es nicht einfach Richtlinien, an die man sich halten oder in denen man zumindest erfahren kann, worum es in diesem Spiel überhaupt geht? Diese Missverständnisse entstehen, weil »man« besser sein will als der »andere«. In diesem Satz steht die Antwort bereits geschrieben. Sie sehen sie nicht?

Das Leben ist dual und die Sichtweise der Menschen ebenfalls. Dadurch entsteht die Illusion der Trennung. Verschiedene Körper treten in Erscheinung und sehen sich getrennt voneinander. Hier entsteht das Problem. Diese Täuschung ist eines der Grundübel für das unbewusste Verhalten der Lebewesen auf dieser Welt. Natürlich gibt es unterschiedliche Körper, aber das sind nur Erscheinungsformen der Göttlichkeit. Es ist die vielfältige Darstellung der Einheit. Würden wir alles als Göttlichkeit erkennen können, wäre es einfach. Dafür ist es jedoch notwendig, sich selbst nicht mehr als getrennter Teil zu sehen, sondern sich als reines Bewusstsein zu erfahren. Man kann aber nicht sagen, dass alles hinderlich ist, denn es braucht dieses Spiel der Illusion, damit wir zur Realität erwachen. *Deswegen ist das Mühsamste oft das Wertvollste, weil es uns über die Vielfalt in die Einheit führen wird.*

Wenn wir in das Leben eintreten, wird uns keine Gebrauchsanweisung mitgegeben. Das steht fest. Eine Anleitung von göttlicher Hand klingt sehr verlockend, doch bei unserer Geburt stand sie uns nicht zur Verfügung, zumindest nicht in schriftlicher Form. Das soll Sie nicht enttäuschen, denn die Gebrauchsanweisung wurde uns ins Herz hineingelegt und ist in unserem Bewusstsein fest verankert. Sie kann nicht verloren gehen, man kann sie nur vergessen. Nur über das Herz können wir sie wiederentdecken, und über die Seele werden wir sie auch erfahren können.

Alle Hilfestellungen, die ich Ihnen hier gebe, sind keine Ideen, die meinem Kopf entspringen, sondern stammen aus meinem eigenen Erfahrungsschatz. Nur weil ich sie erlebt habe und sie einwandfrei funktionieren, kann ich sie als erfolgreich erprobt weitergeben. Das heißt aber nicht, dass jeder einzelne Hinweis bei Ihnen das Gleiche auslösen muss, doch ist es sicher, dass einige davon Früchte tragen werden. Jeder Mensch erlebt es individuell und kein Mensch kann es komplett gleich wie der andere emp-finden. Aber die Ergebnisse werden dieselben sein. Wie auch immer Sie es empfinden werden, es wird Sie auf sich selbst zurückwerfen. Sie werden immer wieder mit Ihrem Kern konfrontiert und bekommen immer wieder neue Impulse, die Sie gezielt anwenden können. Probieren Sie es einfach aus und sehen Sie selbst, was passiert. Es heißt nicht umsonst »Übung macht den Meister«, und nur wer eine »Anleitung« anwendet, wird sich am Ergebnis erfreuen können.

Warum bin ich mir sicher, dass Sie davon nur profi-tieren können? Weil es gewisse Gesetzmäßigkeiten gibt. Die geistigen Gesetze sind eine zusätzliche Gewissheit, die Ihnen zugutekommt, denn sie funktionieren immer. Na-türlich funktioniert auch das Wissen, welches ich zu mei-ner Erfahrung gemacht habe. Doch hier ist es wichtig, dass auch Sie davon überzeugt sind. Es nutzt nichts, wenn Sie sich einreden, dass das nur bei den anderen funktio-niert und bei Ihnen nicht. Hier steckt schon ein Zweifel. Nur wer absolut im Glauben ist und auf die Wunder ver-traut, wird sie auch ernten. Ein Wunder ist ja nichts ande-res als etwas, das durch Ihr bewusstes Sosein passieren muss, wenn Sie bei vollem Bewusstsein sind. »Volles Be-wusstsein« bedeutet ein erfülltes Leben. »Unbewusstes Sein« ist ein Mangel an Fülle. Dieser innere Mangel wird im Außen keine Fülle erzeugen können. Es gibt keinen Men-schen, den die geistigen Gesetze nicht betreffen, denn wir alle unterliegen den Resonanzprinzipien der universellen Kraft. Denken Sie auch nicht immer an die anderen, sonst befinden sie sich in der Trennung, die duale Erfahrungen erzeugt. Wir wollen doch neutrale Erfahrungen machen, die dem erwachten Bewusstsein entspringen.

Warum es auch bei Ihnen funktionieren wird:

1. Sie tragen das Wissen in sich und können sich jederzeit daran erinnern.

2. Ich helfe Ihnen dabei, sich daran zu erinnern, und gebe Ihnen noch zusätzlich meine Erfahrungsschätze weiter, die jeder Mensch anwenden kann. Wenn er sie frei von jeder Erwartung und von ganzem Herzen mit voller Überzeugung ausübt, dann kann er das Spiel nur gewinnen.

3. Die geistigen Gesetzmäßigkeiten sind ein Prinzip, dem wir nicht nur obliegen, sondern das auch ganz gezielt und bewusst angewendet werden kann. Es gibt keine Ausnahmen! Jeder Mensch kann darüber verfügen und sich diese Gesetze zunutze machen. Dieses Wissen werde ich Ihnen zusätzlich vermitteln.

Wenn Sie dann auch noch eine Portion Neugier, eine Portion Bereitschaft, eine Portion Freude am Tun in Form von Begeisterung und eine Portion Glaube und ganz viel Vertrauen mitbringen, dann wird sich das Leben von der besten Seite zeigen. So wie Sie ihm begegnen, so wird es zurücklächeln. Lächeln Sie!

Das Leben als »Spielplatz«

Wir haben das Leben als Spiel bezeichnet. Jetzt schauen wir uns diesen Spielplatz etwas genauer an. Es gibt geistige Gesetze, die ich hier einfach einmal Grundsätze nennen werde. Solange wir diese Grundsätze nicht kennen, ist das Leben für die meisten von uns zwar immer noch ein Spiel, aber der Ablauf ist oftmals alles andere als spielerisch. Manchen Menschen gefällt das Spiel momentan sehr gut und sie haben große Freude daran. Einige finden es dagegen anstrengend und unangenehm, einfach nur ärgerlich und sinnlos. *Solange man den Sinn des Lebens nicht entdeckt hat, wird es weiterhin sinnlos bleiben.* Der Sinn ist es ja, uns als Bewusstsein zu erfahren, doch die Mehrheit der Menschen scheint etwas anderes vorzuhaben. Ihr Tag ist verplant und besetzt, keine Zeit für »spirituelle Spinnereien«. Dass aber das Alltägliche das Nutzlosere ist und das, was wir hintanstellen, nicht nur wertvoller, sondern das einzige Wertvolle überhaupt ist, wissen wir eben erst dann, wenn wir zum Bewusstsein erwachen. *Wie kann nur irgendein Tun oder irgendeine Sache im Leben wertvoller sein als das* Selbst, *wo es doch nichts anderes als Bewusstsein gibt?* Das Leben ist etwas Wunderbares. Im Prinzip sind wir schon »Gewinner«, weil wir ja bereits hier sind und mitspielen dürfen. *Doch das Leben ist nicht die Realität, es erscheint uns nur so.* Eines Tages ist die Schmerzgrenze bei jedem Menschen erreicht, dann kommen wir alle zur »Besinnung« und entdecken uns ganz neu. Eigentlich ist das nichts Neues, sondern eine erweiterte Form des Bewusstseins. Nur die Wahrnehmung ändert sich. Man könnte auch sagen, sie verlagert sich aus der persönlichen Wahrnehmung des Ich in die Wahrnehmung des Selbst.

Die meisten Menschen verlassen sich auf das, was sie sehen. Das ist aber eine äußerst begrenzte Form der Wahrnehmung, denn das Auge kann nur auf die Illusion zurückgreifen. Die Realität liegt nicht in seinem Blickwinkel. Deshalb sollte an der Sichtweise etwas verbessert werden. Das Sehen der Augen sollte um das Sehen der Seele, der reinen Wahrnehmung, erweitert werden, damit wir als göttliches Bewusstsein in allem den göttlichen Kern entdecken können. Dazu müssen wir unsere Sinne nicht schärfen, sondern unsere Sinne entschärfen und uns die Sinnesorgane etwas genauer ansehen. Ein oberflächliches Hinsehen reicht nicht aus, um der Wahrheit zu begegnen. Mut und Neugier sind erforderlich, dann kann eigentlich gar nichts mehr schiefgehen. Kein Mensch erfährt das Leben nur als gut oder schlecht. Bei keinem geht es immer spielerisch von der Hand. Niemand erlebt es ständig schwierig. Wie auch immer sich Ihr Leben im Moment zeigt, es wechselt bei allen ab. Mal ist es so und ein andermal so. Mal scheint die Sonne, mal ziehen Wolken über den Horizont, doch wenn sie vorbeiziehen, bedeutet das nicht Trübsinn und Dunkelheit. Die Sonne ist ja da, sie wird von den Wolken nur überdeckt. Nur weil wir die

Sonne nicht sehen können, sagen wir: »Heute scheint die Sonne nicht.« Wie können wir das behaupten?

Die Sonne scheint immer, so wie Gott ständig in allem ist und durch alles wirkt. Genauso wie wir in den Wolken vergeblich nach der Sonne suchen, so werden wir wahrscheinlich in der Blume im Garten, dem lauten Arbeitskollegen oder in einer Situation, die uns ärgerlich stimmt, nicht auf Anhieb die Göttlichkeit erkennen können. Doch die Sonne ist hier und unser Licht ist hier – was können wir tun?

Wir können das Prinzip von Ursache und Wirkung ganz gezielt für uns einsetzen. Wir setzen also ganz gezielt eine Ursache, um eine Wirkung zu erfahren. Es gibt keine Zufälle oder Schicksalsschläge, es gibt nur Wirkungen, denen eine Ursache vorangegangen ist. Sollte die Wirkung nicht gleich erfolgen, dann sollten Sie sich davon nicht irritieren lassen. Das Problem liegt darin, dass es der Mensch immer gut haben möchte. Er setzt sich ein Ziel und möchte es erreichen. Er hat Wünsche und Ideen, daran ist auch nichts auszusetzen. Es ist nur oft so, dass der Wunsch oder das Ziel mit uns gar nicht konform gehen. Das heißt, wir stellen uns das Ergebnis zwar optimal vor, doch in Wirklichkeit ist etwas ganz anderes für uns stimmig. Ein Wunsch sollte dem Bewusstsein entsprechend angepasst sein, damit es später kein »böses Erwachen« gibt. Persönliche Wünsche, die dem Ego entsprechen, können durchaus herbeigeführt werden. Allerdings sollten Sie sich entscheiden, ob Sie Ihre Persönlichkeit ausleben oder Ihr Selbst erfahren wollen. Beides ist nicht möglich. Wenn Sie ins Bewusstsein eintreten, können Sie natürlich weiterhin irdische Annehmlichkeiten nutzen, nur werden Sie ihnen nicht mehr diese Bedeutung einräumen, wie Sie es bisher getan haben. Bewusstheit heißt nicht Verzicht, denn durch eine höhere Frequenz werden sich ganz andere Möglichkeiten auftun und wunderbare Perspektiven zeigen. Doch Sie »wollen« dann nichts mehr, denn Sie wissen, dass das, was sich zeigt, genau zu Ihnen gehört. Sie wissen, alles hat seine Richtigkeit.

Die äußeren Umstände können deshalb nicht immer gut sein, weil das duale Leben schwankt und es immer ein Oben und ein Unten geben muss. So wie ein Mensch nicht ewig lebt, so kann auch die Erde nicht ewig sein, da Materie keinen Bestand hat. Sie ist ja nichts anderes als verfestigte Energie, deren Beschaffenheit sich ständig ändert. So wie Sie nicht immer einen Job ausüben oder nicht ein Leben lang im selben Bett schlafen werden, gibt es in allen Lebensbereichen Änderungen. Alles, was geht, stirbt oder weicht, wandelt nur seine Form. Energie kann sich nicht auflösen, sie ist immer gleichbleibend, auch wenn wir das mit dem bloßen Auge nicht sehen können. Sie wissen, dass das Leben heute dunkel und morgen hell sein kann. Wenn Sie im Licht der universellen Kraft eingebettet sind, dann sehen Sie zwischen hell oder dunkel keinen Unterschied mehr. Es ist ja lediglich eine Form der Darstellung, die einmal hell und einmal dunkel erscheint. Das wird Sie nicht weiter kümmern. Das Leben darf so sein, wie es ist. Sie werden nicht dafür und nicht dagegen sein. Sie enthalten sich der Stimme. Das hört sich für Sie zu gut an, um wahr zu sein? Ist das auch wirklich möglich? Das ist es in der Tat. *Wenn Sie zu Bewusstsein kommen, heißt das nicht, dass alles im Leben im »Friede-Freude-Eicherkuchen-Stil«* *optimal verläuft, da ist nur niemand mehr, der es als stö-* *rend oder optimal empfindet.* Wenn der Mensch es nicht immer gut haben will, dann löst sich das Problem wie von selbst. Das hindert mich aber nicht daran, Ihnen all die wunderbaren Möglichkeiten aufzuzeigen, die Ihr Leben ganz neu formen können. Alles, was dann geschieht, darf sein, und was ausbleibt, ebenfalls. Leichtigkeit ist ein automatischer Nebeneffekt der sich einstellen wird, denn Leichtigkeit ist das, was Sie sind. *Es kommt immer darauf an, wie man die Dinge sieht, denn so wie sie gesehen werden, so sind sie nicht.* Es ist nur ein Augenblick der Erkenntnis, dies zu entdecken, und ein großer Schritt in eine neue Welt.

Nur ein einziger Schritt

Ein japanisches Sprichwort sagt: »Der erste Schritt ist bereits die Hälfte des Weges.« Wenn Sie also gleich damit beginnen, dann haben Sie schon die Hälfte geschafft. Wenn sich Ihr Verstand jetzt nicht einmischt und Ihnen diese Erfolgsnachricht madig machen will, dann wird das auch so sein. Wenn Sie also wollen, dann beginnen Sie genau in diesem Augenblick das faszinierende Abenteuer Leben. Entscheiden Sie selbst, ob Sie in diesem Augenblick dazu bereit sind, oder ob Sie sich erst in einem Tag, in einem Monat oder in einem Jahr dazu entscheiden wollen. Treffen Sie die Wahl! Wenn Sie sich auf das Spiel des Lebens einlassen, dann haben Sie die Wahl, sich die »Grundsätze des Spiels« zu eigen zu machen. Zuvor sollten Sie sich aber ganz bewusst auf das Spiel einlassen und es bejahen, um den Weg heiter und leicht zu beginnen. Jede »Spielregel«, die man als solche erkennt, wird das Spiel einfacher und interessanter gestalten. Jeder »Nachhilfeunterricht« – das sind meistens Dinge, die nicht so ganz unseren persönlichen Geschmack treffen – ist eine umsorgende Hilfe des Lebens.

Zu Beginn des Lebens bekommen wir eine »Spielfigur« zur Verfügung gestellt, die wir unseren Körper nennen. Obwohl wir ihn nur als Hülle nutzen, um uns als Bewusstsein zu erfahren, verirren wir uns in dem Glauben, der Körper zu sein. Dadurch entsteht die Trennung zwischen dem Körper, den wir nutzen, und allen anderen Lebewesen, die sich hier tummeln. Ob wir diese Hülle mögen, liebevoll umsorgen oder nur wenig beachten, sie wird uns ein Leben lang begleiten. Wenn wir die Hülle abgeben oder verlieren, dann endet das Spiel. Deshalb ist es sinnvoll, mit »unserer Spielfigur« sorgsam umzugehen, sie gesund zu ernähren und fit zu halten, denn mit einem kranken Körper könnte einem die Freude an diesem Spiel schnell vergehen. Wenn die Spielfigur nicht optimal funktioniert, gestaltet sich das Spiel nicht nur schwieriger, wir verlieren auch unseren Antrieb. Die Gefahr, in Lethargie zu verfallen, ist groß. Wenn man unter Energiemangel, Schwäche und Kraftlosigkeit leidet, dann stagniert alles. Die Spielfigur sollte aber nicht nur Mittel zum Zweck sein und vernachlässigt werden. Wir sollten uns vorsorgend kümmern und nicht erst dann, wenn das Alter oder körperliche Gebrechen Anzeichen dafür geben, dass der Körper Zuwendung braucht.

Das Leben ist aber nicht nur ein Spielplatz, sondern auch ein Schulhaus der Evolution, das uns lebenslang Dinge lehrt. Man könnte auch sagen, es erinnert uns an das, was wir einst vergaßen. Meist wird diese Klasse zum Vollzeitstudium, das das ganze Leben lang andauert. Dieses Studium des Lebens besteht aus unzähligen Lektionen. Man könnte meinen, keiner verfügt über so einen umfangreichen Ideenreichtum wie das Leben selbst. Wenn wir eine Lektion gelernt haben, bekommen wir die nächste zugeteilt, So fügt sich eine Erfahrung an die andere. Oft erkennen wir diese Lektionen gar nicht oder wollen sie nicht als Aufgabe anerkennen und wehren uns dagegen. Manchmal beschweren wir uns sogar oder tun gerade so, als ob uns das alles gar nichts angehen würde. Es ist die Unwissenheit über den Sinn des Lebens, die uns so undankbar sein und dem Leben gegenüber so schlechte Manieren haben lässt. Doch die Lektionen kommen immer und immer wieder, wenn wir nicht begreifen. Sie kommen so lange, bis wir damit aufhören Widerstand zu leisten, oder vielleicht sogar erkannt haben, was uns das Leben damit eigentlich sagen will.

Das Leben stellt uns vor keine Prüfung, die wir nicht bestehen können. Haben wir das Gefühl, die Situation ist zu schwierig, um bewältigt zu werden, können wir getrost Vertrauen haben, es zu schaffen. Die Situation wäre sonst nicht eingetreten. Das Leben schickt uns aber oft mehrere Lektionen gleichzeitig. Obwohl wir dann vielleicht glauben »Jetzt geht alles schief« oder »Da ist wohl der Wurm drin«, können wir das als Kompliment des Lebens verstehen, denn die Lektionen entsprechen immer unserer »Kapazität« und Lernfähigkeit. Für unsere Mitmenschen ist es meist offensichtlich, warum wir die Lektion bekommen haben. Wenn wir emotional nicht darin verstrickt sind und es nicht unser Leben betrifft, dann ist es natürlich immer einfach, die Botschaft zu erkennen. Wir selbst sind manchmal »betriebsblind«. Deshalb ist es oft hilfreich, eine neutrale Person einzubeziehen.

Früher riet ich den Teilnehmern meiner Seminare: Machen Sie eine Problemtauschzentrale auf! Sie lösen die Probleme des anderen, und er die Ihren. Alle Teilnehmer haben immer sehr darüber geschmunzelt. Obwohl es sehr lustig klingt, ist an dieser Aussage eine wertvolle Idee verloren gegangen, die man wirklich umsetzen kann. Stellen Sie sich vor, Sie schildern Ihren Fall einer unbekannten Person, die Ihnen sofort ein paar nützliche Impulse geben und Lösungsansätze liefern kann. Das würde Sie zumindest dazu bringen, Ihre Sichtweise neu zu »überdenken«. Kennen wir unsere Lebensabsicht, ist das sicher wertvoll, denn sollten wir vom Weg abkommen, können wir jederzeit ausbalancieren und die Richtung umgehend korrigieren.

Das Wunderbarste an den Lektionen ist wohl, dass wir nichts falsch machen können. Es gibt keine Fehler, denn jeder scheinbare Fehler ist eine Lektion, die zu einer sehr wertvollen Erkenntnis führt, auch wenn wir das nicht immer gleich erkennen können. Im »schlimmsten« Fall bekommen wir dasselbe Thema wieder vor die Nase gesetzt, aber es kann uns nichts passieren. Es ist wie in der Schule, wenn man einfach mal sitzen bleibt. Im Leben fällt es nicht so auf, wenn wir etwas trödeln und uns dümmer stellen, als wir es sind. Wären wir in der Schule so oft sitzen geblieben, wie wir im Leben Chancen vertun und blindlings ignorieren, dann wären wir wahrscheinlich von der Schule geflogen. Es macht aber nichts, wenn wir etwas länger brauchen, um in die Gänge zu kommen, denn wir haben alle Zeit der Welt. Da Geduld bekanntlich eine der größten Tugenden ist und alles, was sich um sie dreht, ebenfalls sehr gemächlich und langsam vonstattengeht, können wir uns schon einmal darin üben. Man könnte aber auch sagen, dass wir manchmal »auf der Leitung stehen« und einfach einen Schritt »zurücktreten« sollten, um das Ganze etwas distanzierter betrachten zu können. Dabei können wir alles auf uns wirken lassen, bevor wir weitermarschieren, denn in der Ruhe liegt die Kraft und oft auch die »Lösung«, die in diesem Fall eine ganz klare Antwort sein wird.

Diese Antwort kommt von innen und hat mit dem Verstand nichts zu tun. Jeder sogenannte Fehltritt, Misserfolg oder Irrtum entpuppt sich irgendwann als Botschaft. Hätten wir diesen Schritt nicht gemacht, hätten wir diese Erfahrung versäumt. Es sind also immer nur Hinweise, die wir ganz genau durchleuchten sollten, bevor wir sie zur Erkenntnis führen. Nur durch Erkenntnis können wir unser Leben optimieren und so gestalten, wie wir es gerne leben würden.

Wegweiser zur Lebensoptimierung

Es gibt einige sehr effektive Schritte, die unser Leben auf eine geradezu wundersame Art und Weise verändern können. Diese sehr einfachen Schritte verstehen sich als eine grundlegende Haltung, die in verschiedenen Lebenssituationen und Alltagsmomenten eingenommen werden kann, als ein Verhalten, das aus innerer Überzeugung geschehen soll, nichts Gekünsteltes, sondern etwas Selbstverständliches, das sich harmonisch in die Situation einfügen kann. Wie gehe ich mit der Situation um? Was ist grundsätzlich zu tun? Wie verhalte ich mich? Welche Geisteshaltung ist gefragt? Was erleichtert den Alltag? Wie harmonisiere ich mein Leben? Was kann meine Lage verändern? Welche Maßnahmen kann ich ergreifen? Was ist zu tun, ohne dabei einzugreifen, sondern um einfach nur harmonisierend einwirken zu können?

Einige der nachfolgenden Wegweiser sind Ihnen vielleicht bekannt. Es reicht aber nicht, sie zu kennen. Nur wer sie lebt und in sein Leben integriert, wird ihre heilsamen Wirkungen erfahren können.

Der Wegweiser der Freude
und der Dankbarkeit

Ein freudiges Dasein schafft eine »positive« Grundeinstellung, die sich mit Förderlichem und Hilfreichem umgibt. Rückzug kann auch Flucht bedeuten. Oft ist es deshalb ratsam, nur für sich zu sein, um vorerst eine gewisse innere Stabilität zu bekommen. Man kann mitten in einem Einkaufszentrum oder einem lauten Konzert absolutes »Hier-Sein« erfahren, doch ist es ratsam, sich zuvor in der Stille und in tiefer Freude zu sammeln. Man könnte sagen, man tankt Kraft, um dann in allen Lebenslagen auf sie zurückgreifen zu können. Freude ist etwas, das immer hier sein sollte. Sich »über etwas freuen« ist ein vorübergehendes Gefühl, das aufgrund eines Ereignisses ausgelöst wird. Dieses vorübergehende »Sich-Freuen« ist nicht die Freude, die ich hier meine. *Freude lässt sich von äußeren Dingen nicht einschüchtern, denn sie ist kein Gefühl, sondern eine innere Haltung.* Bewusstes Sein, Bewusstsein, ist Freude. Bevor ich mich als Freude erfahren kann, taste ich mich an sie heran und kann verschiedene Schritte vollziehen, um mich auf die Freude vorzubereiten. Natürlich ist wahre Freude immer hier, doch es bedarf eines Hineinwachsens, das etwas irdische Zeit in Anspruch nimmt. Das ist auch okay. Sie können im Alter von sieben Jahren auf eine Hochschule gehen. Was spricht dagegen, die Universität zu betreten, sich hinzusetzen und einfach zuzuhören? Wahrscheinlich wird man Sie wieder nach Hause bringen, doch grundsätzlich wäre es möglich.

Sinnvoller ist es aber, in der ersten Klasse anzufangen

und dann Schritt für Schritt voranzugehen. *Hier braucht es eine gewisse Reife, so wie es eine innere Reife braucht, um in das Bewusstsein einzutreten.* Die meisten Menschen würden das Licht nicht ertragen, würde es in vollem Umfang auf sie einstrahlen. Deswegen spreche ich hier von einem Annähern, auch wenn es jederzeit umfänglich vorhanden ist. Sie können auch einen Laib Brot nur Stück für Stück verzehren, weil er als Ganzes nicht in Ihren Mund hineinpassen wird. Befolgen wir also gewisse Schritte, die ich hier bewusst so bezeichne, um mit ganz einfachen Worten darauf hinzuweisen.

Es empfiehlt sich
- regelmäßiges Innehalten.
- Zeiten einzurichten, in denen man bewusst hier ist.
- »mentale Diät«: nur das anhören, ansehen, lesen, sich zu Gemüte führen und aufnehmen, was einem guttut, sich nach dem Licht ausrichten und den Schatten Schatten sein lassen.
- alles, was man als unstimmig empfindet, mental umzuerleben. Dazu geht man noch einmal in die Situation oder erlebt den optimalen Ablauf direkt in dem Moment, in dem er erfahren wird. Ein innerliches Erleben, das Gefühle und Bilder auslöst, trägt die schöpferische Kraft in sich.
- sich dafür zu bedanken, dass es jetzt so wunderbar ist.
- dankbar zu sein. Dankbarkeit nicht nur dann fühlen, nachdem ich etwas mental umerlebt habe, sondern jeden Augenblick mit tiefer Dankbarkeit erfüllen. Dankbarkeit ist wie ein Gebet und setzt enorme Energien

frei. Diese Energien werden in wunderbarer Form zu Ihnen zurückfließen. Danke, dass ich hier sein darf.

- nach der Freude Ausschau zu halten, indem ich alles, was ich tue, ganz bewusst erlebe. Ich gehe bewusst, koche bewusst, setze mich ganz bewusst hin und schreibe bewusst.
- mit Freude im Augenblick zu sein. Ich erlebe alles bewusst, indem ich mich nicht von meinen Gedanken und Gefühlen ablenken lasse.

Der Wegweiser des bewussten Seins

Wie finde ich heraus, was ich wirklich bin? Es spielt keine Rolle »wie«, sondern Hauptsache ist, *dass* ich es herausfinde. So sollten wir uns täglich mehrmals bewusst machen, was wir in Wirklichkeit sind. Eine Möglichkeit, sich selbst »näher zu rücken«, ist, alles zu hinterfragen, was »einen« so ausmacht. Wenn »ich« an etwas denke, dann verfolge ich ganz bewusst den Ansatz, wo Gedanken überhaupt herkommen. Wenn »ich« etwas fühle und zum Beispiel traurig bin, dann stelle ich zwar fest, dass »ich« traurig bin, aber gar nicht weiß, was Traurigkeit genau ist. Ist Traurigkeit etwas, das wirklich ist?

Die Krönung des Ganzen ist, dass »ich« glaube, dass »ich« denke und fühle und gar nicht weiß, von wem »ich« da überhaupt spreche. Wer ist dieses »Ich«? Dieses Wort sage »ich« so oft am Tag wie kein zweites. Trotzdem bin »ich« noch nie auf die Idee gekommen, es zu hinterfragen?

Der Mensch verliert sich lieber in den Oberflächlichkeiten der Welt, anstatt grundsätzliche Dinge zu hinterfragen, die er zwar als Realität versteht, die aber niemals die Realität sein können. Wer weiß denn, dass das, was wir sehen, die Wirklichkeit ist? Gibt es einen Beweis dafür? Man sagt zwar immer, dass es für Bewusstsein keinen Beweis gibt, aber wo ist denn der Beweis für die Existenz der Menschheit? Reicht das Sehen aus? Ist Sehen real? Was ist Sehen? Wenn ich nicht weiß, »wer« da überhaupt »sieht«, was das »Gesehene« und das »Sehen« selbst sind, kann ich das »Gesehene« doch nicht als real bezeichnen. Das Einzige, das real ist, ist das Bewusstsein. Die Mehrheit der Menschen kennt es aber nicht als Realität an, weil es nicht greifbar ist. Wer aber sagt, dass man Realität sehen muss? Vielleicht ist es komplett umgekehrt, und alles, was man über die Sinne wahrnimmt, ist Illusion. (Das ist es auch.) Doch selbst wenn Sie das hier lesen, sich darin wohlfühlen und aus innerer Überzeugung heraus bejahen, weil Sie es einfach »wissen«, reicht das noch nicht aus. Dieses Wissen kann nur über die Erfahrung zum gelebten Wissen werden. Dann haben Sie es erfahren und nur Ihre Erfahrung wird Sie Ihrer Göttlichkeit »näher bringen«. *Da es nichts anderes als Bewusstsein gibt, kann man auch nur zum Bewusstsein zurückfinden. Es gibt nichts anderes zu entdecken.*

Alle Dinge, die für unsere Sinne hier sind, dienen als Werkzeug, um das höchste Selbst zu erfahren. Was kann man tun? Es ist kein Tun im herkömmlichen Sinn. Es ist gelebte Achtsamkeit, die ein gewisses Feingefühl erfordert und die innere Bereitschaft in sich trägt, das Leben zu erforschen. Wir haben lange genug unsere Zeit damit vergeudet und uns hauptsächlich um Dinge gekümmert, die gar nicht wichtig sind. Also sollten wir immer wieder tief in uns hineinhorchen, um uns bewusst zu werden, was dieses »Ich« überhaupt ist. Mit großer Selbstverständlichkeit sage ich: »Ich habe Hunger« oder »Ich denke, dass das so ist.« Obwohl ich keinen blassen Schimmer davon habe, wer dieses Ich ist, spreche ich es aus. Das war nicht immer so. Bis zu einem gewissen Alter sagte ich »Kurt hat Durst«. Irgendwann kam dann das heimtückische Ich, das mich in die Illusion fallen ließ, dieser Mensch zu sein. Nur über die Erfahrung durfte ich erkennen, wer ich in Wirklichkeit bin: reines Bewusstsein, ein Teil der göttlichen Kraft.

Der Wegweiser des Verzeihens

Verzeihen trägt eine Kraft in sich, die sich auf alle Beteiligten heilend auswirken wird. Bevor wir irgendjemandem verzeihen, sollten wir uns selbst verzeihen. Erlauben wir uns doch einfach, so zu sein, wie wir sind, und verzeihen wir uns selbst für unsere Schuldzuweisungen, vor allem die, die sich gegen uns richten. Wir können uns auch selbst verzeihen, wenn wir das Geschenk der Enttäuschung nicht gleich erkannt haben, und können uns vornehmen, zukünftig urteilsfrei und frei von Schuldzuweisungen zu leben. Bin ich mit mir im Reinen, kann ich auch andere um Verzeihung bitten, die sich von mir enttäuscht fühlen. Auch wenn uns eine Ent-Täuschung aus der Täuschung holt und grundsätzlich immer ein Geschenk ist, fühlt man sich manchmal enttäuscht. Wir sollten uns dann nicht verurteilen, sondern das Gefühl so lange im Raum stehen lassen, bis es wieder verschwunden ist. Lassen wir es hier sein und wenden wir uns dem Augenblick zu. *Wir sollten dankbar sein, dass uns das Leben mit einer Situation ein Gefühl entlockt, das sich enttäuschend anfühlt, denn nur so können wir erkennen, dass wir Erwartungen hegten.* Nur wer etwas erwartet, kann sich enttäuscht fühlen. Deswegen sollten wir zukünftig keine Erwartungen mehr stellen, sondern alles, was kommt, innerlich bejahen. Man kann niemanden enttäuschen, der andere kann sich nur enttäuscht fühlen. *Das Problem ist also nicht das Enttäuscht-Sein, sondern der Widerstand gegen die Verhältnisse.* Wenn jemand mit einer Reaktion, einer Aussage oder einer Situation nicht einverstanden ist, zeigt das ja nur, dass er die Situation gerne anders haben möchte. Das heißt aber auch, dass er sich gegen das Leben stellt und es gerne manipulieren will. *Die Enttäuschung folgt also immer einer realitätsfremden Verhaltensform.* Wir müssen das, was uns nicht so gut gefällt, nicht gleich bejubeln, aber wir können Abstand dazu halten und es reaktionslos zur Kenntnis nehmen. Dies wäre eine sehr bewusste Verhaltensform.

Der Wegweiser der Körperumsorgung

Ich sorge optimal für den Tempel meiner Seele und ernähre mich gesund. Das bedeutet, sich bewusst zu sein, dass das, was ich gerade esse, das Baumaterial meines Körpers ist. Je »lichter« die Nahrung, desto besser ist es für die Zellen. Alle Nahrungsmittel, die viel Licht bekommen haben, wie Obst und Gemüse sind besonders gut für das System Körper. Man unterscheidet zwischen Lebensmitteln, Nahrungsmitteln und Sterbemitteln. Alle Nahrungsmittel, die über viele Zusatzstoffe verfügen und lange haltbar sind, können für den Körper nicht optimal sein. Trotz vieler Ernährungsrichtlinien sollte man stets das essen, was dem Körper guttut. Deshalb sollte man auf das hören, was der Körper verlangt. Worauf er gerade Appetit hat, muss aber nicht immer das Gesündeste sein. Man kann auch aus Frust oder Langeweile den Drang nach Essen verspüren oder einfach nur einem Suchtverhalten folgen. Das ist nicht die Sprache des Körpers, sondern die Sprache von Programmen, die sich in uns eingenistet haben. Auch genügend und vor allem gesundes Wasser zu trinken ist ein sehr wichtiger Bestandteil des täglichen Lebens.

Ein gesundes Körperbewusstsein hat zahlreiche Aspekte, die man beachten kann. Am besten wählt man das aus, was sich für einen am besten anfühlt. Genügend Sauerstoff ist ein »Grundnahrungsmittel« und richtiges Atmen bringt den Körper zusätzlich in Einklang. Die Qualität der Luft, die wir atmen, wird weitgehend vom Bewusstsein bestimmt. Deshalb spielt es eine große Rolle, in welchem Bewusstsein ich atme, das heißt, *als wer* ich atme. Das Atmen selbst ist ein bisschen aus dem Fokus geraten, da es ja einfach geschieht und man nichts dazu beitragen muss, damit es »rund läuft«. Ich kann aber etwas dazu beitragen, damit es noch bewusster geschieht. Ich kann also das gezielte

Atmen zu einem Teil meiner bewussten Lebensgestaltung machen, um noch mehr Lebensqualität zu erreichen. Ausreichende Bewegung an der frischen Luft ist unabkömmlich. Wer einmal am Tag dreimal nacheinander ganz schnell anläuft und dabei immer schneller wird, bis der Höhepunkt der Anstrengung erreicht ist (ein paar Sekunden), bringt sein Herz-Kreislauf-System in Schwung und ausreichend Sauerstoff in die Zellen. Dabei wird der Stoffwechsel angeregt und alles kann pulsieren. Pulsieren bedeutet Leben. Leben bedeutet, sich seines Körpers bewusst zu sein, und nicht nur zu wissen, dass man einen hat.

Der Wegweiser der Einheit

Wer bin ich? Wer ist der oder das »andere«? *Einheit zu erfahren bedeutet, sich als Bewusstsein zu erkennen und aus diesem Bewusstsein heraus die Welt zu erleben.* Wer in das Bewusstsein »eingetreten« ist, für den gibt es keine Trennung. Ein »Mein«, »Dein«, das »Ich« und »Du« und ein »Wir« und »Ihr« werden ihre Bedeutung verlieren. Natürlich sieht die Mutter anders aus als der Nachbar und der Partner nicht gleich aus wie der Chef, doch das sind nur die äußeren Hüllen. Wer in die Einheit übergegangen ist und sich aus dieser heraus erlebt, der unterscheidet nicht mehr. Für ihn ist ein »Zwischen« verschwunden. Hier braucht man nicht mehr auf Mitgefühl oder Nächstenliebe hinweisen, da der Mensch, der aus der Einheit heraus wirkt, zum Wohle von allem handeln wird. Nicht weil er es muss oder meint, es gehöre sich so. Vielmehr erkennt er sich in allem und ist sich bewusst, dass das andere nicht wirklich existiert. Er weiß, dass das, was er bisher »sein« Leben genannt hat, nur ein Leben ist – eine Spiegelung seines Bewusstseins. Er weiß auch, dass aufgrund seiner Gedanken und seines Soseins die Welt so erscheint, wie sie rings um ihn herum ist. Es gibt nichts zu bemängeln, denn alles, was er sieht, ist die Wirkung seiner Ursachen. Ob Gedanken oder Taten, Gefühle oder Reaktionen: Das, was er im Inneren ist, wird das Äußere formen. Wozu etwas ändern, wenn es doch nur ein Rückkoppelungseffekt ist?

Der Erwachte wünscht sich auch keinen optimalen Partner, denn er weiß, dass sein Partner seinem Bewusstsein entspricht. Er ist selbst der ideale Partner und wird dadurch auch eine harmonische Partnerschaft erzeugen. *Sie müssen sich also keine ideale Beziehung wünschen, sondern sich für das Bewusstsein entscheiden.* Je bewusster der Mensch ist, desto weniger Wünsche wird er haben. Weil er sich dem Leben hingibt, kann er das, was ihm gegeben wird, dankbar annehmen. Es ist das, was er in das Leben hineingegeben hat. Er bekommt also nur etwas zurück. Wenn Ihnen das, was Sie vom Leben »zurückbekommen«, nicht gefällt, dann wissen Sie jetzt auch, dass Sie nicht besonders viel hineingegeben haben. Was können Sie nun tun? Lassen Sie das persönliche Ich hinter sich und treffen Sie jetzt die Entscheidung, Ihr wahres Ich zu leben. Auch wenn es eine gewisse Zeit »in Anspruch« nimmt, der erste Schritt ist Ihre Entscheidung, die Wahl die Sie treffen.

In Wahrheit gibt es gar nichts anderes als dieses eine

Ich, das wir nur fälschlicherweise für die Bezeichnung unseres Körpers verwenden. Treten Sie ein in das höchste Selbst, indem Sie sich danach ausrichten und es zu Ihrem Lebensziel machen, dem Selbst zu begegnen. Es sollte das Wichtigste sein. Warum? Weil es das Einzige ist, das Bestand hat.

Ein ganz wertvoller Tipp: Wenn Sie nachdenken, dann sind Sie nicht bei vollkommenem Bewusstsein. Sie können nicht bewusst sein und sich gleichzeitig in Gedanken verlieren. Entweder sind Sie sich Ihres Selbst bewusst oder Sie vergeuden Ihre Zeit lieber mit Kopfgeschichten. Wenn der Kopf still wird, dann können Sie in das Bewusstsein übergehen. Deswegen ist Gedankenstille eine wunderbare Hilfe.

Versuchen Sie aber, nicht »nichts« zu denken, sondern lassen Sie die Gedanken, die kommen, einfach hier sein und kümmern Sie sich nicht weiter darum. Sie gehen wieder, denn es liegt in der Natur der Gedanken, dass sie kommen und gehen. Haben Sie sich schon einmal bewusst gemacht, dass Sie es sind, die Ihre Gedanken daran hindern, wieder weiterzuziehen? Sie halten sie auf und zwingen sie dazu, bei Ihnen zu bleiben. Sie geben ihnen damit die Möglichkeit, sich zu vermehren, und Sie sind es, der ihnen Beachtung schenkt. Lassen Sie die Gedanken doch umherlaufen, wie sie wollen. Es ist ein reges Treiben, ein ständiges Kommen und Gehen, ein ewiges »Herein« und »Heraus«. Dieser von Ihnen bewusst eingeleitete Zwischenstopp liegt nicht in der Natur der Gedanken. Ein Kommen und Gehen wäre ja nicht schlimm, doch wenn

Sie diesen kurzen Halt weiterhin erzwingen, indem Sie aus einem Gedanken ein Nachdenken machen, wird weiterhin kostbare Energie verloren gehen. Von den Wirkungen, die damit erzeugt werden, wollen wir erst gar nicht sprechen.

Stellen Sie Ihre »Gedanken-kommen-Halt-Aufenthalt-Langzeiturlaub-Gedanken-gehen«-Gewohnheit um und stellen Sie den ursprünglichen »Gedanken-kommen-Gedanken-gehen«-Zustand wieder her. Das bedeutet, »bewusst« *sein* zu können und die vergeudete Energie einzubehalten. Solange Sie jeden Gedanken zu einem Langzeit-Feriengast machen, werden die offenen Türen, die ins Bewusstsein führen, weiterhin verschlossen bleiben.

Natürlich gibt es noch weitere Wegweiser und im Prinzip sind alle miteinander verknüpft. Keiner existiert einzeln. Auch wenn sie alle unterschiedlich erscheinen, sind sie doch alle eins. Jeder Schritt in Ihrem Leben, mag er sich auch noch so unbedeutend und sinnlos anfühlen, bringt Sie in Ihrer eigenen Entwicklung »vorwärts«, ganz gleich, welcher Schritt das ist. Mancher Schritt kann trostlos sein, ein anderer dagegen als sehr angenehm empfunden werden. Vergessen Sie nicht, dass im größten Zorn oder in der heftigsten Enttäuschung das größte Geschenk liegt. Wenn Sie genau hinsehen, dann werden Sie das auch erkennen. *Alles trägt die Liebe in sich, man muss sie nur entdecken.* Ob Freude oder Wut, Neid oder Unmut, Hass oder Fröhlichkeit, Ablehnung oder Jubel: In allem liegt dasselbe. All das sind Energien, die von innen nach außen drängen. Wenn man in diesen Empfindungen einzig und allein den Energiefluss wahrnehmen kann, dann können Sie diese Energie für sich nutzen. Lehnt man sie nicht mehr ab und hört damit auf, sie verändern oder verdrängen zu wollen, dann wird sie reinigend wirken. So geht die Energie nicht verloren, sondern wird in sich zurückfließen. Abgelehnte Energie haftet an, wird sich immer wieder zeigen und nach außen drängen. Zorn muss also immer wieder auf Sie treffen, solange Sie ihn noch ablehnen. Er kommt ja nur hoch, um erkannt zu werden. *Hinter jedem Gefühl verbirgt sich – wie hinter allem, das ist – das eine Bewusstsein.* Das ist der Schlüssel zum Glück. Geliebte Energie, die in sich zurückfließt, hat keinen Grund mehr, nach außen zu drängen. Sie trägt lediglich dazu bei, Ihr Bewusstsein auszuweiten. Es ist also eine Bereicherung, die darin verborgene Energie zu lieben, denn das wirkt heilend und Programme verschwinden ganz wie von selbst. Doch dafür bedarf es des genaueren Hinsehens, um das Verborgene erkennen zu können.

Beginnen Sie Ihr »neues Leben« behutsam und mit liebevoller Geduld. Jeder Tag ist eine Herausforderung und nur ein bewusst erlebter Tag ist ein »wirklicher« Tag. Bewusstes Sein ist reine Anwesenheit. Hier steht uns oft unser Wissen im Weg, das wir jederzeit hinter uns lassen können.

Vom Wissen zum Bewusstsein

In Zeiten des Wandels werden die Lernwilligen die Welt besitzen. Das glauben immer noch viele. Dass diese Welt gerade dabei ist, mit ihrer Existenz aufzuhören, haben diejenigen, die dies aussprechen, wohl noch nicht bemerkt. Sie glauben weiter daran, mit purem Wissen Herr über die Materie zu sein, ohne dabei zu bemerken, dass Wissen alleine nicht wirklich hilfreich ist. Wenn man das Leben so beobachtet, könnte man ja wirklich oft meinen, dass allein das Wissen zählt, doch Wissen ist nicht gleich Wissen. Es gibt ein angeeignetes Wissen, das nur bedingt hilfreich ist, und es gibt ein Urwissen, das das einzige wahre Wissen ist. Auf dieses Urwissen haben nur wenige Menschen Zugriff, obwohl jeder Mensch die Möglichkeit dazu hätte, da im morphogenetischen Feld jegliche Information abgespeichert ist. Es steht rund um die Uhr frei und kostenlos zur Verfügung, wenn man sich über die fälschliche Ich-Frequenz erheben kann.

»Von den Daten zur Information, über die Information zum Wissen, über das Wissen zur Weisheit und über die Weisheit zum Bewusstsein«, so könnte man den Ablauf des Lebens darstellen. Das Informationszeitalter macht uns eine Fülle von Daten zugänglich, ohne uns dabei aber die Fähigkeit zu vermitteln, wie man die sinnvollen Informationen herausfiltern kann. Aber selbst Informationen sind nur ein Rohstoff, dessen wahrer Nutzen sich erst zeigt, wenn sie zu Wissen umgewandelt werden. Erst wenn dieses Wissen weise eingesetzt wird, wird das zu optimalen Ergebnissen führen. Daten sind lediglich unstrukturierte Teilinformationen, ohne einen weiteren Zusammenhang aufzuweisen.

Eine Information besteht aus einer Reihe von Daten, die nach einem bestimmten Sinn geordnet sind. Erst eine solche Information kann zu einer sinnvollen Handlung führen, die wiederum zu einem erwünschten Ergebnis führen wird. Aus einem solchen Ablauf entsteht lebendiges Wissen, das nicht nur gewusst und erinnert werden, sondern jederzeit zu einer weiteren erfolgreichen Handlung führen kann. Das bedeutet nichts anderes, als dass sich Information mit praktischer Erfahrung zu lebendigem Wissen verbindet. All das Wissen, das wir (nach-) lesen, einsehen oder hören können, entspringt diesem einen Wissen.

Das höchste Wissen, das Urwissen, ist das Bewusstsein selbst. Es ermöglicht erst das Entstehen von »niedrigem« Wissen. Erst wenn Energie sich zur Materie formt und daraus Menschen entstehen, kann mithilfe des Körpers (der Sinne etc.) irdisches Wissen entstehen. Irdisches Wissen ist also ein Ableger des Urwissens, eine niedere Spiegelung des Höchsten. So wie alles Sichtbare eine Spiegelung des Bewusstseins ist, ist es auch mit dem Wissen. Wenn alles Wissen zusammengefasst wird, wird es weiterhin nur Wissen bleiben, auch wenn es ganz schön viel Wissen ist. Das irdische Wissen kann über seine niedrige

Frequenz nicht hinausreichen, es ist und bleibt im Raum der Materie gefangen. Das Urwissen hingegen ist beweglich und nicht in sich eingeschränkt. Es ist überall gleichzeitig und trägt die göttliche Intelligenz in sich. *Das Wissen selbst ist sehr beschränkt, doch es ist notwendig, sich mit der Hilfe dieses niederen Wissens dem höchsten Wissen anzunähern.*

Weisheit gibt dem Wissen Tiefe. Wissen bekommt plötzlich eine ganz besondere Bedeutung. Dann können wir es nicht nur wissen, sondern auch fühlen. Dazu bedarf es aber des Gefühls, welches im Wissen selbst Hinweise auf das Urwissen erahnen lässt. Weisheit ist mehrdimensional und umfasst mehrere Wissensgebiete, denn ursprünglich läuft das Wissen ja über den Kopf. Weil Weisheit aber eine weitere Form einer Bezeichnung ist, die für das Allerhöchste steht, könnte man folgendermaßen sagen: *Wissen kann ohne Weisheit erst gar nicht entstehen, und jedes Wissen kann auf die Weisheit verweisen, weil der Kern aller Dinge die Weisheit ist.* Beim ersten Hinsehen wird man es nicht erkennen, vielleicht auch nicht beim neunundsechzigsten Mal. Aber irgendwann erkennen wir alle den Kern der Dinge und das Bewusstsein tritt hervor, wobei die bildliche Erscheinung zurücktreten wird.

Warum ist das normale Wissen ein Ableger der Weisheit? Man könnte es mit einem Kind vergleichen, das ohne die Mutter nicht hier sein könnte. Bei genauem Hinspüren wird man die Mutter im Kind erkennen können. In jedem Wissen ist die Weisheit enthalten, doch sie muss erst erkannt werden. Wissen kann man sich aneignen, Urwissen aber muss erinnert werden – nicht mit dem Kopf, sondern mit der Seele. Weisheit kann man nicht lernen, sie kann nur über die Erfahrung erlangt werden. Wir können viele Kenntnisse aus dem Wissen anderer Menschen ziehen, aber wir können nicht durch die Weisheit anderer weise werden. Weisheit ist also etwas, das nicht »erworben«, sondern nur direkt erfahren werden kann. Erfahrung macht weise, Wissen bleibt in sich stecken. Wissen geht nicht tiefer, doch Weisheit ist Tiefe. Die Weisheit, die zu Bewusstsein führt, ist die Verbindung zu allen Menschen. Die Weisheit erlaubt es uns, über alle Unterschiede hinwegsehen zu können.

Das Erwachen des Bewusstseins ist der Beginn des eigentlichen Lebens und die Krönung der individuellen Evolution. Mit dem Erwachen des Bewusstseins entfällt das Denken und wird umfassend durch die unmittelbare Wahrnehmung ersetzt. Es wird nicht das wahrgenommen, was man mit den Sinnen filtert, sondern es wird genau das wahrgenommen, was ist. So wird der Schleier gelüftet und die verschleierte Sicht kann weichen. Mit dem »Nicht-Denken« verschwindet auch das niedrige und falsche »Ich«, das es ohnehin nie gegeben hat. Das falsche Ich bildet sich lange Zeit ein, die Herrschaft über das System Mensch zu übernehmen, und glaubt wohl, alles regeln zu müssen. Natürlich kann es das nicht. Nehmen wir den Verstand. So nützlich er auch sein kann, er kann nur denken und sich Wissen aneignen. Er kann also nur auf Wissen zurückgreifen, vergleichen, erinnern und abwägen. Er ist nur ein Werkzeug des Menschen und kann uns in vielem unter die Arme greifen. Wir nehmen einen Nagel ja auch nicht zum Zeichnen, dafür ist er nicht bestimmt. Die

Bestimmung des Verstandes ist es nicht, das Leben zu lenken und die Führung zu übernehmen, sondern uns in unseren Lebensabläufen zur Seite zu stehen. Der Verstand kann in seiner Begrenztheit nur auf begrenzte Informationen zurückgreifen. Der Verstand ist Teil der Illusion; wie will er das Bewusstsein begreifen oder uns darin unterstützen, es zu erlangen?

Meistens sprechen wir ja über das, was wir gehört oder gelesen haben, und erklären es zur Realität. Dann erzählen wir es weiter, ohne es zuvor auf seine Richtigkeit hin überprüft zu haben. Der eine sagt zum anderen: »Du, ich habe in der Zeitung gelesen …« und für den anderen wird es zur Realität. Oder man sagt gleich: »Dieser Reporter hat jemanden umgebracht.« Man müsste eigentlich nachfragen: »Ja, warst du denn dabei?« Ich bin einmal einem Menschen begegnet, der sagte zu mir: »In diesem Buch hat der Autor gesagt, dass es so funktionieren würde. Ich kann es allerdings nicht behaupten, dass es so ist, denn ich habe es noch nicht ausprobiert. Der Autor hingegen spricht aus Erfahrung, so mein Gefühl.« Ich war regelrecht erstaunt über diese Aussage, denn der Mensch geht normalerweise sehr unachtsam mit Informationen um. Irgendetwas, das man gehört hat, wird schnell zur Realität erklärt. Das kann fatale Folgen haben. Wir sollten also nichts weitergeben, was wir nicht selbst gesehen oder erlebt haben. Erst dann kann ich sagen: »Versuch es einmal, bei mir hat das funktioniert.« Aber auch hier kann ich nicht sagen: »Versuch es einmal, es funktioniert.« Ich kann ja nicht wissen, ob es bei jemand anderem genauso sein wird.

Es ist ein weiter, aber wunderbarer Weg vom Wissen zum Bewusstsein. Er kann steinig sein und ab und zu leichtfüßig. Jeder Stein trägt wichtige Erkenntnisse in sich. Er weist uns nicht nur den Weg, sondern wirkt mit, das Tor zu errichten, das uns schlussendlich in das Bewusstsein führt. Gehen wir erhobenen Hauptes, drehen wir uns nicht um und bleiben wir nicht stehen. Gehen wir einfach voran, dann wird der Weg auch zum Ziel.

Das Sein – »pure Präsenz«

Zu Bewusstsein zu kommen ist nicht nur ein unverzichtbarer Schritt, sondern auch der einzige Schritt, der getan werden soll. Dieser Schritt besteht aus vielen kleinen Einzelheiten – dem Erkennen, den Erfahrungen und den Einsichten, die wir auf unserem Weg erleben werden. Wir können uns nicht einfach wünschen, zu Bewusstsein zu kommen, und das Leben einfach links liegen lassen. *Nur das Leben ermöglicht uns Selbsterkenntnis, denn dazu ist es hier.* Jeder Schritt beinhaltet eine Aufgabe, die erkannt werden soll. Alle bestandenen Aufgaben gemeinsam bilden den Weg, der uns ankommen lässt. Ob wir eine Erfahrung nun wollen oder nicht, ob wir sie uns gewünscht haben oder eher ablehnen, ob wir uns an etwas erfreuen oder uns etwas ärgern: Es gibt keinen Schritt, der nicht notwendig ist. Sicher denken wir oft, dies hätte jetzt aber nicht sein müssen oder jenes wäre wohl überflüssig gewesen, doch das sagt uns unser Verstand. *Es gibt nichts Überflüssiges, denn alles ist ein Geschenk, auch wenn wir es nicht immer gleich erkennen können. Oft vergehen Jahre, bis wir merken, wie wertvoll eine Entscheidung war, die das Leben für uns getroffen hat.* Wenn ich unbedingt ein Geschäft eröffnen möchte und Jahre später lese, dass es Probleme mit der Beschaffung des Rohstoffes gibt, den ich dafür benötigt hätte, könnte ich eigentlich froh sein, dass es nicht geklappt hat. Das Leben hat mich vor etwas bewahrt. Wieso konnte ich es damals nicht zumindest in Erwägung ziehen, dass es nicht klappen soll, anstatt mit dem Leben zu hadern und verärgert zu sein? Man könnte viel Energie einsparen, wenn man sich vom Strom des Lebens treiben lassen würde. *Man muss nicht mitschwimmen und auch nicht dagegen, man kann mit Neugier bestaunen, wo es einen hinführen wird.* Man muss auch nicht immer die Bestätigung oder einen Beweis dafür haben, dass es nicht sein sollte oder warum es nicht geklappt hat. Man kann auch schon vorher ins Vertrauen gehen, ohne dabei etwas wissen zu müssen. Urvertrauen nennt man das, in der Präsenz des Seins zu verweilen.

Es gibt immer unzählige Möglichkeiten, die ich nutzen könnte, doch der Verstand versteift sich auf ein paar Möglichkeiten, die er sieht; eine davon will er dann auch noch um jeden Preis erreichen. Es gibt immer mehr Varianten als jene, die wir in unserem Kopf vorfinden können. *Wir sollten uns darauf verlassen, dass es das Leben besser weiß und die Göttlichkeit in uns den vollumfassenden Überblick hat.* Wir können niemals alle Teilbereiche einsehen und deshalb auch nicht wissen, was wirklich gut für uns ist. Wir sind ja auch oft schnell, wenn wir über jemanden urteilen oder das Leben als bösartig bezeichnen, wenn jemand einen sogenannten Schicksalsschlag erlebt. Wir sollten uns mit unseren Urteilen zurückhalten, denn wir wissen nicht, wie es dazu gekommen ist und was der Mensch daraus lernen kann.

In allem liegt das Gute, weil es der Kern der Sache ist.

Wir sind vollkommenes Bewusstsein. Das unvollkommene Bewusstsein hat das, was wir als Krise, Leid oder Ärger bezeichnen, hervorgebracht. Das betrifft aber nicht nur unser Leben. Die Krise der Welt ist die Krise des Bewusstseins. Das erwachte Bewusstsein bedeutet Fortschritt. Nur der Friede in allen Menschenherzen wird den Frieden der Welt ermöglichen. In Wahrheit gibt es keinen Krieg im Außen, sondern der Krieg in der Welt erscheint nur, weil wir mit uns selbst Krieg führen. *Friede im Herzen zu haben bedeutet, angekommen zu sein und sich als Bewusstsein zu erfahren.* Bevor nicht jedes einzelne Lebewesen Frieden in sich trägt, wird es auch keinen Frieden auf der Welt geben können. Jeder Mensch trägt also zum Krieg bei, egal ob er direkt damit konfrontiert ist, gar nichts davon weiß, vor Ort wohnt oder ganz woanders lebt.

Erwachen bedeutet, sich daran zu »er-innern«, was ich *wirklich* bin. An das wahre *Sein*, an den bewussten Schöpfer aller Lebensumstände, so wie ich von der Schöpfung »gemeint« bin. Erwachen setzt eine gewisse Offenheit voraus, die von Geduld und Achtsamkeit begleitet wird. Nur wer den ganzen Tag aufmerksam durch das Leben geht und auch parallel zu seinen Sinnen wahrnehmen kann, wird den Alltag ganz bewusst erleben. Solange ich mich mit meinem Körper und mit meinem Verstand identifiziere und glaube, eine Persönlichkeit zu sein, so lange werde ich im Tiefschlaf bleiben. Jeden Tag, wenn ich glaube, »aufgewacht« zu sein, geht der Traum weiter. Munter bin ich nie, ich falle von einem Schlaf in den anderen, ohne es zu bemerken. Wenn ich nicht erkenne, dass die äußere Realität nicht meine Wirklichkeit ist und nur glaube, was ich sehen kann, ist es unmöglich aufzuwachen. So lange werde ich mich auch als Opfer der Umstände erleben und weiterhin auf die Erfüllung meiner Wünsche warten. Vergebens, versteht sich.

Wie soll sich im Außen etwas ändern, wenn ich so bleibe, wie ich bin? *Nur das Innere bestimmt mein äußeres Leben.* Erst wenn ich mir dessen bewusst geworden bin, dann werde ich nicht mehr Gefangener meiner selbst sein und die »Illusion der Welt« durchschauen. Erwachen kann ich also nur, indem ich mich irgendwann an die Wirklichkeit meines wahren Seins er-innere, mich als den bewussten Schöpfer aller Lebensumstände erkenne und den Traum dadurch beende. Auch hier gilt wieder, dass das Wissen darüber nicht ausreicht, Bewusstsein zu sein – es bedarf der Erfahrung.

Wie erfahre ich es? Indem ich das Leben mit all seinen Inhalten und all meinen Zügen wie Gedanken und Gefühle überprüfe. Es ist meine Aufgabe herauszufinden, was ich bin und was ich nicht sein kann. Das ist keineswegs anstrengend, aber es braucht viel Zeit, die ich aufbringen sollte. Ich kann ab jetzt also Lebensforscher sein. Ich muss das ja nicht gleich zu meinem Beruf machen, aber zumindest zu meiner vollumfänglichen Lebensaufgabe. Nur wer sein Leben rege, aufmerksam, mutig und beständig erforscht, wird auch zu einem Ergebnis kommen. Einfach nur die Frage in den Raum zu stellen oder ein paar Bücher zu lesen reicht nicht aus, es braucht die ganze Hinwendung, mit vollem Herzen und ganzer Seele, um das Experiment erfolgreich abzuschließen. Es gibt ja keinen anderen Grund, um hier zu sein. Was hat uns all das Vergnügen gebracht? Vorübergehende Befriedigung. Was haben wir davon? Wir können davon weder abbeißen noch etwas dafür kaufen. Meinem Bewusstsein bringt es gar nichts. Die Erfahrungen waren dennoch notwendig, doch getrödelt haben wir genug. Lassen wir uns doch ganz auf das Leben ein, um an das Bewusstsein zu kommen, dass sich dahinter verbirgt.

Das Ego glaubt, dieses »Ich« zu sein, doch das ist nur eine Vorstellung von »mir«. Sobald die »Illusion des Ichs« als Illusion erkannt wird, löst sie sich auf. An die Stelle einer Vorstellung »von mir« tritt die Wirklichkeit des *Seins*. Das kann aber nur mit dem Herzen erfasst werden, um es dann aus voller Seele zu erfahren, da der Verstand selbst Teil der Illusion ist. Der Verstand kann hier also nichts dazu beisteuern, außer ruhig zu sein. Nutzen wir ihn aber trotzdem, damit er gemeinsam mit uns nach der Wirklichkeit forscht, und begeistern wir ihn, damit wir ihn – zumindest vorläufig – zu unserem Verbündeten machen. Irgendwann können wir ihn dann getrost beiseitelassen, aber vorübergehend ist er so wenigstens beschäftigt. *Jetzt werden sich einige vielleicht fragen, wie es denn sein kann, dass man sich die Frage »Was bin ich?« beantworten soll, wenn der Verstand die Antwort gar nicht wissen kann.*

Das ist eine sehr gute Frage. Alle Fragen, die die göttliche Kraft, das Bewusstsein, das höchste Selbst betreffen, werden natürlich niemals an den Verstand gerichtet. Wir richten unsere Fragen natürlich an das Bewusstsein. Wir denken sie oder sprechen sie laut aus. Wir können uns vorstellen, auf einem Berggipfel zu stehen und die Frage ins Tal zu rufen. Es hallt nach. Wir können die Frage auch beliebig wiederholen, aber wir lassen sie einsickern und kümmern uns nicht weiter um sie. Wir kümmern uns auch nicht um die Antwort. Wir fragen so oft, bis wir die Antwort in uns spüren, ohne eine Antwort zu erwarten. Es kann eine Zeit lang dauern, das macht aber nichts. Erst wenn wir die Frage vergessen haben, wird sich die Antwort einstellen. Sie wird so sein, wie wir sie uns gar nicht vorstellen können. Die Frage sollte uns nicht wichtig sein, sie zu stellen und uns damit auseinanderzusetzen allerdings schon.

Das ist vielleicht etwas gewöhnungsbedürftig, weil wir es so nicht gewohnt sind. Aber machen wir doch einfach mal etwas auf eine ungewöhnliche Art und Weise. Das Gewöhnliche hat uns bisher ja nicht wirklich weit gebracht. Die Antwort findet immer in Form einer Wahrnehmung auf der Gefühlsebene statt, kann aber niemals aus dem Kopf kommen. Warum? Weil der Verstand die Antwort nicht weiß. Wüsste er sie, dann müssten wir ja nicht suchen. Aber der Verstand kann niemals das erfassen, was ihn hervorgebracht hat. Das ist wohl eine Nummer zu groß für ihn. Wir trauen ihm wohl zu viel zu, anstatt zu erkennen, wofür er wirklich etwas nützt. Schuster, bleib bei deinen Leisten, kann ich hier nur sagen. Der Verstand soll weiterhin rechnen oder logische Überlegungen anstellen, doch alles andere soll er sein lassen. Er darf sich auch für unsere »Suche« begeistern lassen und voller Enthusiasmus bei der Sache sein. Würde der Verstand das Bewusstsein erkennen können, müsste der Teig um den Bäcker wissen und die Stahlschiene um den Hochofen. Aber es ist nicht nur das niedrige Ich, das durchschaut werden muss, sondern auch dessen Sichtweise. Das Ich hat Eigenschaften, die ebenfalls an der Hartnäckigkeit der illusionären Wahrnehmungsform beteiligt sind. Trauen wir uns hinzusehen. Entlarven wir das Ego. Es lohnt sich.

Die Einbildungen des Egos

Das Ego verwechselt Haben und Sein. Es glaubt: »Je mehr ich habe, desto mehr bin ich«, obwohl das Ego weder dieses Ich ist noch etwas haben kann. Unser Sein ist unendlich, es kann sich nicht vermehren. Das Ego hingegen versucht ständig mehr zu haben und ist der Meinung, noch stärker und kraftvoller zu werden. Weil es aber durch gar nichts »mehr« werden kann, versucht es sich als Führer, um in sich bestätigt zu werden, ohne dabei jemals »satt« zu sein. Es ist ein Fass ohne Boden. Wir sollten das Ego nicht unterschätzen, da es sehr hartnäckig und träge ist. Es täuscht uns sogar Zustände vor, die gar nicht wirklich bestehen. Bis man in sich still wird, ist es oft so, dass einem das Ego vorgaukelt, Stille zu erfahren. Das ist normal, da man sich ja meist mit dem Verlangen hinsetzt, etwas erreichen oder spüren zu wollen. In diesem Moment nutzt das Ego die Chance und spielt uns vor, in uns angekommen zu sein. Diese Stille ist dann aber nur eine Einbildung, die uns das Ego als reale Erfahrung schmackhaft machen will. Deshalb ist es ratsam, nichts zu wollen und in der Meditation keinerlei Absichten zu verfolgen. Sich hinzusetzen, um still zu werden, hat meist ein plötzliches Ausbrechen von übermäßiger Gedanken-Aktivität zur Folge. Wer still werden will, muss mit der Unruhe des Verstandes rechnen. Deshalb ist es sinnvoll, es vorerst ohne Hinsetzen zu praktizieren und weiterhin Dinge zu »tun«. Sich der momentanen Körpertätigkeit vollkommen bewusst zu sein und alles auch ganz bewusst zu tun, kann sehr meditativ sein. Einfach nur im Jetzt zu verweilen und den Augenblick in seiner vollen Pracht wahrzunehmen, ist wahre Meditation.

Ein junger Mann spazierte den Fluss entlang, betrachtete ihn lange und trug ein Lächeln mit sich. Das beobachtete ein älterer Herr, der langsam neben ihm herging, weil er mit seinem Stock nicht schneller gehen konnte. Der ältere Herr setzte sich auf eine Bank, um eine Rast einzulegen. Gleichzeitig setzte sich der Mann nicht unweit neben ihm ins Gras und starrte ins Wasser. Der Mann schien den älteren Herrn nicht bemerkt zu haben, so sehr schien ihn der Fluss zu faszinieren. Der ältere Herr schaute ihm eine Weile gespannt zu und blickte immer wieder ins Wasser und hoffte, dort etwas Spannendes zu entdecken. Warum sonst starrte der junge Mann so begeistert in den Fluss? Es dauerte eine Weile, bis der ältere Mann sich getraute, dem Mann eine Frage zu stellen. Es brauchte schon etwas Überwindung, den Mann in seiner Versenkung zu stören. »Entschuldigen Sie, darf ich Sie fragen, was Sie da tun?«, fragte der alte Herr dann nach einer Weile doch noch. »Ich höre dem Fluss zu«, antwortete der junge Mann ohne seinen Blick vom Fluss abzuwenden. »Aha«, sagte der ältere Herr ganz verwundert. »Was hören Sie, wenn ich fragen darf?« Der junge Mann schwieg eine Weile. Dann entgegnete er: »Ich höre sein Rauschen.« Der ältere Herr war etwas verdutzt und schaute ihn nur fragend an. Nach einer Weile sagte er etwas zynisch: »Ja, das haben Flüsse wohl so an sich. Und wissen Sie was?« Erst jetzt erhob der junge Mann seinen Kopf und sah dem älteren Herren freundlich ins Gesicht. »Er tat es auch schon vor fünfzig Jahren, als ich das erste Mal hier entlangspazierte.« Der Mann sah wieder auf den Fluss und schwieg. Der ältere Herr freute sich, dem Mann eine kleine Lektion erteilt zu haben. Er muss wohl ein Narr sein, dachte der ältere Herr bei sich, doch die Äußerung musste ihn ja getroffen haben. Doch das Lächeln im Gesicht des jungen Mannes war nicht gewichen. Der ältere Herr konnte von der Seite sehen, dass er seine Aussage wohl gar nicht zur Kenntnis genommen hatte. Dann wurde der ältere Herr etwas zornig. Bevor er weiterging, drehte er sich kurz um und sagte etwas spöttisch: »Wissen Sie, ich denke, er hat auch schon vor hundert Jahren gerauscht, als wir noch gar nicht auf der Welt waren.« Der junge Mann reagierte nicht. In dem Moment, als sich der ältere Herr von ihm abwenden wollte, sagte er: »Sie haben recht, guter Mann.« Der ältere Mann strahlte und lächelte siegesgewiss. »Doch was vor hundert Jahren war, interessiert mich nicht«, fügte der jüngere Mann noch hinzu. »Jetzt, in diesem Augenblick, rauscht der Fluss. Nur das zählt.«

So wie diesem älteren Herrn das Rauschen des Flusses gar nicht aufgefallen war, er sich aber daran erinnern konnte, es vor Jahren gehört zu haben, so erleben wir unseren Alltag. Wer nicht ständig präsent ist und wen der Augenblick nicht vollumfassend erreicht, lebt entweder in der Zukunft oder in der Vergangenheit. Diese Zeiten bilden die Dualität und halten uns in diesem Netz der Täuschungen gefangen, obwohl Zukunft und Vergangenheit nicht wirklich existieren. Sie haben nur in unseren Gedanken Bestand. Wir können uns in die Zukunft »sprechen« oder »denken« und die Vergangenheit »fühlen«, doch wenn es so etwas wie Vergangenheit und Zukunft geben würde, dann müssten sie ja jetzt hier sein. Wenn ich nicht an sie denke oder über sie spreche, dann werden diese künstlichen »Zeiten« auch nicht belebt, also sind sie gar nicht existent.

Wer in der Vergangenheit oder in der Zukunft lebt, erzeugt Leid. Solange ein Mensch in der »Illusion des Ichs« lebt und sich einbildet, dieser Körper zu sein, so lange wird er Leid erfahren. *Der Mensch will als Ego dem Leid entfliehen, obwohl genau dieses Ego die Ursache dafür ist.* Das Ego ist aber sicher nicht bereit, sich selbst zu vernichten, also kann das Ego hier gar nichts bewerkstelligen. Das Ego kann nur durchschaut werden. Wenn wir erkennen, dass es so etwas wie ein Ego gar nicht gibt, und seine wahre Existenz erkennen, können wir uns auch von dem lösen, was wir irrtümlicherweise als Leid bezeichnen. Das Leid aber ist nichts anderes als eine Erfahrung, die wir verursacht haben, weil wir unbewusst leben. Leid ist nichts anderes als eine Wirkung. Das Leid möchte uns zurechtrücken, doch wir sind etwas sperrig geworden und wollen nicht entrückt werden, sondern an unseren alten Gewohnheiten festhalten.

Bewusstsein erwacht nicht von selbst, es ist die Folge einer bewussten inneren Entscheidung. Bewusstes Atmen kann uns auf dem Weg dahin unterstützen. Halten wir unsere Aufmerksamkeit einfach auf unseren Atem gerichtet. Wir beobachten, wie der Atem in uns fließt, wie sich unser Körper dabei bewegt, wie sich der Brustkorb hebt und wieder senkt und wie er uns mit Leben erfüllt. In diesem Moment gilt die ganze Aufmerksamkeit nur der Atmung. Wenn wir das ganz gezielt und bewusst tun, dann werden Gedanken weichen. Wir fühlen die Atmung und erleben sie, anstatt sie zu kennen.

Das Besondere am Atem ist, dass er keine Form hat. Er ist formloses Sein. Diese Formlosigkeit kann uns unmittelbar ins Jetzt begleiten. Der Atem führt uns wie ein Schiff behutsam und leise in den Augenblick hinein. Der Atem ist so hilfreich wegen seiner momentanen Präsenz. Er ist immer vollumfänglich hier; wir können immer nur jetzt atmen, nicht vorher und nicht nachher, sondern immer nur jetzt. Sobald wir unsere Aufmerksamkeit auf unser wahres Sein gerichtet haben, beginnt das Bewusstsein zu erwachen, oder besser gesagt: Wir werden uns unseres Selbst bewusst. Bewusstsein ist immer. Es ist ewig. Es ist wach und es ist überall. Mit dem Erwachen des Bewusstseins entfällt das Denken und wird durch die unmittelbare Wahrnehmung dessen, was ist, ersetzt.

Denken Sie an den Fluss. Er rauscht jetzt. In Wirklichkeit hat er nie gerauscht und wird auch nie rauschen. Sein Rauschen geschieht jetzt. Ein früheres Rauschen existiert so wie ein späteres nur in der Erinnerung.

Dem Ego gelingt es, uns ständig aus dem Jetzt zu führen, um weiterhin über uns herrschen zu können. Doch damit wird es keinen dauerhaften Erfolg haben, da es nicht wirklich besteht. Das Ego ist nichts weiter als eine Illusion, aber eine sehr überzeugende. Das Ego ist eine Einbildung, die nur weitere Einbildung erzeugt. Doch was auch immer das Ego alles sein mag, es ist nicht wirklich. Deshalb sollten wir uns auch nach dem Bewusstsein ausrichten. Je öfter und je länger wir unsere Aufmerksamkeit auf unser wahres Sein richten und gerichtet halten, desto mehr werden wir das Ego hinter uns lassen. Wir schenken der Wahrnehmung des Egos ja unsere ganze Aufmerksamkeit, nicht umsonst kann es so stark sein. Richten wir unsere Aufmerksamkeit also auf unsere wahre Identität, damit wir uns darin erkennen. Erkennen wir das, was wir sind: Bewusstsein, die göttliche Kraft. Sobald wir den Schritt, uns als Bewusstsein zu erfahren, vollzogen haben, sind die »Geburtswehen« in unserem Leben aufgelöst. Die neue Sichtweise lässt Probleme verschwinden. Was bleibt, sind interessante Aufgaben und Herausforderungen. Diese können nun ganz anders behandelt werden, da wir nun die ganze Übersicht und nicht nur Einsicht haben. Wir können alles überblicken und auch Einzelheiten wahrnehmen, die unerkannt blieben. Nun sind wir endlich dazu bereit, den Blick zu heben, weil wir uns als eigentliche Lebensaufgabe gelöst haben. Die größte Aufgabe ist es nämlich, sich selbst zu entdecken. Nun können wir unsere ganze Aufmerksamkeit unserer eigentlichen Aufgabe zuwenden, die Schöpfung bewusst mitzugestalten.

Ich bin die Ursache für alle Wirkungen, die in mein Leben treten. Alles, was auf meinem Bildschirm »Leben« erscheint, ist die Wirkung einer Ursache, die ich bewusst oder unbewusst gesetzt habe. Wenn ich die Ursache aller Dinge durchschaut habe, dann tritt die natürliche Fülle auf allen Ebenen des Seins in Erscheinung. Wann immer wir nun »Ich« sagen, meinen wir nicht mehr unseren Körper, sondern unser Selbst. Nur das Selbst kann als »Ich« bezeichnet werden, denn das ist es, was ich wirklich bin. Indem wir das erwachte Bewusstsein auf einen Aspekt des Lebens richten, wird es sich unverzüglich zu verwandeln beginnen. *Lösungen werden nicht mehr herbeigeführt oder durchgeführt, sondern Veränderungen geschehen, die wir »Lösungen« nennen.* Alles geschieht vollkommen mühelos.

Wenn die einzige Ursache, die noch »anwesend« ist, das Bewusstsein und keine körperliche Handlung, kein Gedanke oder Gefühl ist, dann ist und geschieht alles ganz bewusst. Wir sind diese Ursache. Dieses »Wir« bezieht sich nicht auf unsere körperliche Hülle, sondern auf unseren göttlichen Kern. Es ist die Rückkehr in die vergessene Allmacht, die uns erleben lässt, was Jesus einst gesagt hat: »Ihr werdet Gleiches tun wie ich und Größeres«. Die Wahlmöglichkeiten, die das Leben zu bieten hat, sind vom jeweiligen Bewusstsein abhängig. Jede Änderung des Bewusstseins eröffnet andere Möglichkeiten und bringt neue Aufgaben ins Spiel. Das Spiel findet noch auf der Erde statt, doch wir sind das wahrnehmende Bewusstsein, das das Spiel überblickt und einen Ablauf »beobachtet«. Natürlich ist da noch eine Persönlichkeit, sonst wären wir ja nicht mehr hier. Solange wir noch reagieren, wenn man uns beim Vornamen ruft, ist noch etwas Persönliches anwesend. Das Persönliche darf genauso wie Gedanken und

Gefühle anwesend sein, doch der Bezug dazu hat sich geändert. Die Identifikation ist nicht verschwunden, sondern hat sich aus der persönlichen Sichtweise heraus auf die unpersönliche Wahrnehmung verlagert. Man könnte sagen, dass das Leben eines Menschen nicht am Tag seiner Geburt beginnt, sondern in dem Augenblick, in dem er beginnt, achtsam und hingabevoll zu sein.

Bewusst leben, achtsam sein

Bewusstes und achtsames Wahrnehmen ist kein Verhalten, sondern es geschieht komplett natürlich und spontan. Es entspricht Ihrem wahren Kern und fließt unaufhörlich aus Ihnen hervor. Ist der Fluss unterbrochen, dann ist es sinnvoll, sich gezielt »bewusst zu verhalten«, damit dieses Verhalten in ein bewusstes Sein übergehen kann. Sie erinnern sich an das, was getan werden kann, und tun es. Danach kann es sich über Ihre Persönlichkeit hinaus ausdehnen. Bewusstes Sein sollte Ihnen vertraut sein, damit es sich in ein spontanes »Tun im Nicht-Tun« wandeln kann.

Warum ist der Fluss unterbrochen worden? Gedanken und allerlei Gefühle unterbrechen die Wahrnehmung des Bewusstseins, es kann nicht rein, sondern nur sehr eingeschränkt durch uns wirken. Es sind die Kleinigkeiten, die nach stetiger und ausreichender Wiederholung Großes bewirken können. Es sind die Dinge, die wir im Alltag gar nicht beachten oder als unwichtig ansehen. Wir übergehen sie und die Achtsamkeit bleibt auf der Strecke. Es folgen ein paar wenige Anregungen, worauf Sie Ihr Bewusstsein richten können und wie Aufmerksamkeit bewusst »praktiziert« werden kann.

- Atmen Sie in dem Rhythmus ein und aus, der Ihnen am meisten zusagt.

- Spüren Sie, wie der Atem den ganzen Körper durchflutet, und folgen Sie der Bewegung des Atems ganz natürlich, ohne Widerstand und frei von jeglichen Abschweifungen.

- Legen Sie nun Ihre Aufmerksamkeit auf den Augenblick.

- Setzen Sie sich »stimmig« hin, bis es sich wirklich harmonisch anfühlt.

- Nehmen Sie ganz bewusst eine »stimmige« Haltung ein, wenn Sie möchten auch im Stehen oder Liegen.

- Nehmen Sie all das wahr, was Sie umgibt. Alles, was in Ihrem Blickwinkel liegt, kann wahrgenommen werden.

- Spüren Sie nun nach innen, bis es optimal ist. Notfalls korrigieren Sie sich und richten sich neu aus.

- Entwickeln Sie durch eine bestimmte Körperhaltung ein Gefühl für »Stimmigsein«.

- Machen Sie mit der geistigen Haltung dasselbe.

- Lassen Sie sich vom »Fluss des Lebens« tragen.

- Seien Sie sich bewusst, dass es in jedem Augenblick anders »stimmt«.

- Es zählt immer nur das Jetzt. Das Jetzt davor und das Jetzt danach sind nur Vorstellungen und Erinnerungen.

- Spüren Sie ganz gezielt jede Veränderung, alles, was jetzt »hier« ist. Alles andere hat Sie nicht zu kümmern.

- Wenn ein Gedanke auftaucht, dann lassen Sie ihn da sein.

- Verlassen Sie den Gedanken wieder, indem Sie die Aufmerksamkeit auf das Jetzt richten.
- Wie viele Gedanken auch immer kommen, kehren Sie immer wieder in den Augenblick zurück.
- Sobald Ruhe eingekehrt ist und es sich in sich »harmonisch« anfühlt, sind Sie auch wirklich hier.
- Zum Hier-Sein gehört ständige Achtsamkeit. Achtsamkeit und Stimmigsein bedeutet, im Selbst zu sein.
- Fühlen Sie tiefe Dankbarkeit, dass Sie dieses Hier-Sein erfahren dürfen.
- Erleben Sie nun in allem die Achtsamkeit, indem Sie Ihren Tätigkeiten nachgehen.
- Stehen Sie auf und bleiben Sie in allem, was Sie tun, in der bewussten Wahrnehmung.
- Nehmen Sie Ihre Atmung noch bewusst wahr (Haben Sie das bewusste Atmen beibehalten oder schon wieder vergessen?)?
- Wenn Sie die bewusste Wahrnehmung des Atmens vergessen haben, dann gehen Sie wieder in diese Wahrnehmung hinein.
- Erleben Sie ganz gezielt, wie Sie geatmet werden. Nicht Sie atmen, sondern »Es« atmet Sie. Es geschieht. Lasse Sie Ihren Atem bewusst »geschehen«, ohne einzugreifen.
- Tun Sie das, was Sie jetzt tun, ganz bewusst. Wenn Sie zum Beispiel etwas schreiben, dann schreiben Sie achtsam und stimmig. Ihre ganze Aufmerksamkeit liegt in diesem Tun, im Schreiben, in diesem Moment.
- Beobachten Sie das Blatt, den Stift, Ihre Hände, Ihre Atmung etc., als ob nichts anderes existiert. Das tut es

auch nicht, solange Sie mit Ihrer Achtsamkeit dabeibleiben. Solange Sie hier sind, gibt es auch nur das Hier.

- Fühlen Sie nun in den Moment hinein. Lassen Sie sich fallen, und spüren Sie, wie das Schreiben ganz von selbst und »stimmig« geschieht.
- Wie Sie den Stift halten, wie er über das Blatt gleitet, wie die Wörter entstehen: Alles ist ein Ablauf voller Harmonie.
- Zelebrieren Sie das Schreiben, als wäre es eine heilige Handlung.
- Spüren Sie, wie sich in diesem Augenblick des Schreibens alle Liebe und alles Bewusstsein darin versammeln und sich repräsentieren.
- Machen Sie den Moment zu einem heiligen Akt. Es ist ein Moment, der von absoluter Anwesenheit gekrönt ist.
- *Ganz egal, ob es das Schreiben, das Staubsaugen, das Kochen oder der tägliche Job ist, das Jetzt liegt in allem verborgen.*
- Der Augenblick wartet immer darauf, dass Sie mit ihm übereinstimmen. Der Augenblick ist das Einzige, was zählt, denn er ist bewusstes Sein. Er ist das Hier-Sein. Er ist das Jetzt.

Im Alltag kann ein bewusstes Umgehen mit einer Situation, wenn Sie zum Beispiel vor einer Entscheidung stehen, folgendermaßen aussehen:

Machen Sie sich eine Entscheidung bewusst, die zu »treffen« wäre. Spüren Sie, ohne dabei nachdenken zu müssen, welche Entscheidung »stimmt«. Ihr Kopf wird sofort ein paar Antworten auf Lager haben, aber was sagt Ihr Gefühl?

Nutzen Sie Ihre Intuition, indem Sie wieder still werden, eine bewusste körperliche und geistige Haltung einnehmen und sich fallen lassen. Stellen Sie sich die Frage nun noch einmal und lassen Sie die Frage dann los. Erwarten Sie keine Antwort, sondern belassen Sie es dabei, einfach nur innezuhalten. Die Antwort kommt spontan oder verzögert; das kann morgen oder auch erst in einer Woche sein. Die Antwort kommt über einen Impuls, den Körper, eine Botschaft oder sie ist plötzlich da.

Wenn Sie die Antwort sofort »wissen« und einfach überzeugt davon sind, dass es gar keinen anderen Weg gibt, dann überprüfen Sie die Entscheidung und fragen Sie in sich hinein, ob diese Antwort stimmig ist. Ihr Gefühl wird es Ihnen sagen. Wenn Sie nichts dabei empfinden oder aus dem »Bewusstsein« wieder in das persönliche Ich-Bewusstsein fallen, dann beginnen Sie noch einmal von vorne.

Wenn Sie nun ein endgültiges und optimales Ergebnis haben, dann gehen Sie in die alternative Entscheidung hinein. Erleben Sie sich in der Antwort am Ziel und schauen Sie, ob das Ergebnis immer noch für Sie »stimmt«. Wenn Sie Ereignisse vorfühlen und vorerleben, dann können Sie sich die Gewissheit verschaffen, ob alles auch wirklich Ihren Vorstellungen entspricht. Ist es tatsächlich die Herzensentscheidung oder doch nur ein gewolltes Ziel, das Sie nicht in die erwünschte Harmonie führen wird? So können Sie zukünftige Ereignisse probetragen und sie einfach anziehen und schauen, ob sie bequem sind, ob sie passen und ob es überhaupt Ihre Größe ist. Kurz gesagt: Sie können sich vergewissern, ob diese Erfahrung für Sie bestimmt ist und zu Ihrem Bewusstsein passt. Sie sollte nicht Ihrer Persönlichkeit, sondern Ihrem wahren Selbst entsprechen. Wenn sie der Persönlichkeit entspricht, kann es auch eine wertvolle Erfahrung sein. Dann ist es eben nur eine Zwischenstation, die Sie auf Umwegen zu sich selbst führen wird.

Sie können sich vornehmen, jeden Tag bewusst zu beginnen. Den Tag achtsam zu beschreiten, könnte folgendermaßen aussehen:

Gehen Sie schon morgens, wenn Sie aufstehen, mit jeder Bewegung, mit jeder Handlung bedacht um. Wie Sie sich aus dem Bett erheben, wie Sie die Zähne putzen, wie Sie sich duschen, wie Sie Ihren Tee oder Kaffee zubereiten, wie Sie frühstücken, wie Sie sich ankleiden etc. Gehen Sie in vollkommener Achtsamkeit in ein stimmiges Bewusstsein über. Sobald Sie ganz in der Achtsamkeit sind, sollten Sie sie auch beibehalten, denn dann sind Sie »stimmig«. Wie können Sie das bewusste Sein beibehalten? *Natürlich ist es einfacher, frei von Ablenkungen und Bewegungsabläufen im Moment zu verweilen, denn jede äußere Bewegung versucht, Ihnen Ihre Aufmerksamkeit zu entlocken.* Deshalb sollte man das bewusste Sein so oft wie möglich, also immer wenn man sich daran erinnert, wieder praktizieren, um es eines Tages immer beibehalten zu können. Wichtig ist, dass man sich nicht über aufkommende

Gedanken und Gefühle ärgert, sondern sie einfach so lässt. Indem man ihnen keine Aufmerksamkeit schenkt und die Aufmerksamkeit immer wieder auf den Moment richtet, wenn man sie nicht »halten« kann, ist eigentlich alles getan. Es ist so, als ob Ihnen etwas herunterfallen würde. Sie müssen sich nicht darüber ärgern, Sie brauchen sich ja nur danach zu bücken. Immer wieder, bis es nicht mehr passiert. Es spielt keine Rolle, wie oft Sie sich bücken. Wichtig ist nur, dass Sie es tun, ohne sich dabei zu beschweren oder einen Groll zu entwickeln.

Nehmen Sie dieses stimmige Bewusstsein also in Ihren Alltag mit und wenden Sie es überall an, um bewusst hier zu sein. Achten Sie stets darauf, dass Sie alles in einem stimmigen Bewusstsein tun. Wenn Sie davon abgekommen sind, dann gehen Sie wieder dahin zurück, wie ich es bereits geschildert hatte. In vollkommener Achtsamkeit und in einem stimmigen Bewusstsein leben Sie nun ganz bewusst als »liebevolle und segensreiche Präsenz des *Seins*«. Wenn Sie es vergessen, erinnern Sie sich wieder daran. Das wirkliche Problem ist nicht das Vergessen, sondern die Wut darüber. Dann ärgert sich der Mensch, weil er es vergessen hat, anstatt sich darüber zu freuen, sich wieder daran erinnert zu haben. Kehren Sie immer wieder in sich ein und tun Sie alles bewusst, bis sich Ihr Bewusstsein über alles hinweg ausdehnt und Sie automatisch in die Rolle des Beobachters schlüpfen. Dann werden Sie sich als ungetrennten Teil des einen Seins erkennen. Wohin auch immer Sie kommen, wird die Welt lichter und liebevoller, weil Sie endlich der sind, der Sie sind und endlich den losgelassen haben, der Sie zu sein glaubten.

Wenn Sie nicht in der Achtsamkeit sind, dann sind Sie nicht in Ihrem Ich-Bewusstsein, sondern leben in der Trennung. In der Trennung gibt es Ursache und Wirkung. Die Täuschung erzeugt Leid. Entscheiden Sie sich, welchen Weg Sie lieber einschlagen wollen, den des Bewusstseins, der göttlichen Präsenz, oder den des persönlichen Ichs. Der eine Weg geschieht in Leichtigkeit, der andere ist mühsam. Auch wenn es den mühsamen Weg braucht und er in seinem Ursprung Bewusstsein ist, können Sie ihn getrost hinter sich lassen. Wir gehen alle einen Weg. Lassen Sie uns doch einfach die Abkürzung nehmen: Folgen wir der Sprache des Herzens und lassen Altes hinter uns.

Gefühlen begegnen und loslassen

Durch Erziehung und prägende Erfahrungen, die uns unmerklich bestimmen, nehmen wir im Laufe unseres Lebens bestimmte Verhaltensmuster an. Diese Programmierungen sitzen tief und steuern unser Verhalten. Immer wenn wir vor einer Entscheidung stehen, greifen wir auf diese »Erfahrungsdatei« zurück und reagieren, entscheiden und verhalten uns entsprechend. Wenn diese unbewusste »Erfahrungsdatei« vorwiegend »negative« Erfahrungen enthält, werden wir stets dementsprechende Erfahrungen machen, weil wir dadurch immer wieder die gleichen Entscheidungen treffen.

Manche unserer Erfahrungen sind uns oft gar nicht bewusst. Unsere »Datenbank«, in der sie natürlich abgespeichert sind, kennt sie dafür umso besser. Es sind Gedanken, die plötzlich da sind, und Handlungen, die darauf folgen, ohne dass es uns in diesem Moment bewusst ist. Es ist ein in uns abgespeichertes Verhalten, das seinen altbekannten Lauf nimmt. Dadurch schlagen wir immer wieder dieselbe Bahn ein, in der wir wie gefangen sind. Es gibt aber viele solcher Bahnen, die mit ganz unterschiedlichem Verhalten aufwarten können und uns aufgrund unserer Unwissenheit verwehrt bleiben. Die meisten dieser Verhaltensweisen sind sicher erstrebenswerter als dieses Verhalten, das längst schon überholt ist und gar nicht mehr zu uns passt.

Nehmen wir als Beispiel das Autofahren. Wenn Sie irgendwann lernen, Auto zu fahren, dann gibt es dazu noch keine »Erfahrungsdatei«. Sie müssen zuerst jeden Handgriff »denken«, bevor sie ihn ausführen können. Es braucht viel Aufmerksamkeit und einiges an Konzentration, um alle Bewegungen gleichzeitig durchführen zu können. Sie müssen alles beachten, dürfen nichts vergessen und sollen dabei auch noch auf die Straße sehen. Mit wachsender Übung entsteht eine »Erfahrungsdatei«, Sie handeln mehr und mehr automatisch. Das geschieht ganz, ohne bewusst darüber nachzudenken. Natürlich ist das sehr hilfreich. Sie haben den Kopf frei, um neue Entscheidungen zu treffen, und fahren ganz nebenbei mit dem Auto durch die Gegend. Dabei nehmen Sie eine ganz bestimmte Art an, wie Sie Auto fahren. Dieses Programm wird zu einer Gewohnheit, die Sie oft ein ganzes Leben lang beibehalten. Dieser Ablauf bleibt immer gleich, weil wir das Programm normalerweise nicht mehr überprüfen und uns auch in der Zukunft danach richten, ohne groß darüber nachdenken zu müssen.

Um diesen gewohnten Ablauf zu erneuern, ist es daher wichtig, sich verschiedene Erfahrungsdateien von unterschiedlichen Bereichen des Lebens bewusst zu machen, um sie zu optimieren. Wir sollten uns also bewusst sein, dass wir das Programm ganz bewusst ändern können. Wir können in dem Moment nicht die Situation ändern, aber ein neues Programm einsetzen, damit wir anders damit umgehen.

Wie man Gewohnheiten umprogrammiert und neue Programme einsetzt, habe ich in meinen Büchern immer wieder erklärt. Jetzt möchte ich einen Schritt weitergehen und die Emotionen ansprechen, die das Verhalten begleiten. Ängste oder Ärger werfen uns nur allzu oft aus der Bahn. Wie Sie mit diesen Gefühlen umgehen können, werden Sie jetzt erfahren.

Bevor sich ein Verhalten in uns einprägt, muss ein Gedanke oder ein Gefühl vorangegangen sein, auch wenn wir das nicht immer bewusst wahrnehmen können. Programme abzuändern ist gar nicht schwer. Es geht in erster Linie nicht darum zu wissen, »wie« Sie damit umgehen sollen, sondern zuerst müssen Sie sich bewusst machen, dass Ihr Verhalten überhaupt ein Programm ist. Erst wenn Sie das zur Kenntnis genommen haben, wird Ihnen das »Wie« nützlich sein.

Viele Menschen ändern deshalb nichts, weil sie gar nicht sehen, dass etwas geändert werden könnte. Sie sind zwar mit vielen Dingen unzufrieden, doch sie haben diese Unzufriedenheit noch nie genauer betrachtet, um sich auch fragen zu können, warum das so sein könnte. Sie sind der Meinung, dass sie nichts dagegen tun können, und bleiben in ihrer Opferrolle stecken.

Auch das Mangelbewusstsein ist ein hartnäckiges Programm. Sätze wie »Man kann im Leben nicht alles haben« oder »Es kommt halt nicht immer so, wie man es gerne hätte« nähren das Mangelbewusstsein. Wo ein Mangel ist, ist Fülle abwesend. Immer wenn Sie einen Wunsch aussprechen, geben Sie zu, dass Sie im Mangel sind. Ist Ihnen das bewusst?

»Ich wünsche mir mehr Geld« oder »Ich wünsche mir einen Partner« sind Sätze, die ja nur dann ausgesprochen oder gedacht werden, wenn etwas fehlt. Der Inhalt eines Satzes kann vom Universum ja nicht verstanden werden. Doch »Ich will«, »Ich wünsche« oder »Ich hätte gern« bedeutet, mir fehlt etwas, sonst würden Sie es sich ja nicht wünschen. Diese Sätze verstärken das Mangelbewusstsein und rücken Sie noch weiter von der Fülle weg. *Obwohl Sie ja bereits alles in sich tragen und als Bewusstsein die Fülle sind, sagen Sie mit diesen Wünschen im energetischen Sinn eigentlich: »Ich bin Mangel.«* Sie sind die Fülle und sagen also: »Ich bin Mangel.« Ist es nicht verständlich, dass alles noch undurchsichtiger werden muss, wenn Sie sich selbst nicht als Fülle erkennen können? Wir machen uns klein, dämmen uns ein und ziehen uns runter, weil wir glauben, dieser Körper zu sein. Würden wir uns als Bewusstsein erkennen, wäre dies nicht der Fall.

Natürlich geschehen all diese Sätze und Einbildungen auch unbewusst, sonst würden wir es ja nicht sagen, denken oder tun. Es ist eben auch ein Programm, eine Verhaltensform, die sich in uns eingeschlichen hat. Fast jeder Mensch sagt: »Geld macht nicht glücklich.« Es ist recht, wenn für jemanden Geld nicht das Wichtigste und Gesundheit wertvoller ist. Doch der Satz »Geld macht nicht glücklich« ist die Gewissheit dafür, dass Sie niemals mehr Geld haben werden, denn Sie wollen ja nicht unglücklich werden. Das gesprochene Wort trägt so viel Kraft in sich, und wir gehen sehr verschwenderisch und unachtsam damit um. Wie schnell ist etwas einfach dahingesagt oder wie schnell verlieren wir uns in einem Gedanken, anstatt

einfach nur »hier zu sein«. Es bedarf der täglichen Anwendung und einer »Rund-um-die-Uhr-Korrektur«, um
sich selbst unter die Lupe zu nehmen. Man sollte sich
ständig verbessern, damit dieses unbewusste Dasein und
diese oberflächliche Anwesenheit sich in reines Bewusstsein wandeln können.

Wie steht es zum Beispiel mit dem Programm des
»Ärgerns«? »Sich ärgern« ist auch nur ein Programm, das
jederzeit geändert werden kann. Auch Stress, Empfind-
lichkeit, Aggression, Schuldgefühle und Lieblosigkeit sind
als Programme in unserem Unterbewusstsein gespeichert
und können jederzeit geändert werden.

Ich hatte den Ärger vorhin schon einmal kurz ander-
weitig erwähnt. *Ich sprach davon, dass, wenn wir vergessen haben, bei uns zu bleiben, uns zu zentrieren, wir uns
dann darüber ärgern, es nicht getan zu haben, anstatt uns
darüber zu freuen, uns daran erinnert zu haben.* Der
Mensch trägt eine gewisse Härte in sich, die durchbrochen
werden soll, damit der weiche Kern zum Vorschein kommen kann.

Erinnern Sie sich an Ihre Lebenssituationen. Ihnen fällt
sicher ein Beispiel ein, wo Sie sich darüber geärgert haben,
etwas nicht getan oder nicht geschafft zu haben. Der
Mensch ist wahrlich ein Meister in Beschuldigungen. Zuerst ist das Leben schuld. Das böse Leben meint es nicht
gut mit uns. Dann ist irgendjemand anders schuld. Entweder ein Mensch, eine Situation, äußere Umstände oder
weiß der Kuckuck was. Jemand oder etwas ist immer
schuld. Nach allen Beschuldigungen, die wir nun getroffen haben, kommt der Tag, an dem wir uns selbst die

Schuld daran geben. Auch wenn wir immer noch davon überzeugt sind, dass wir es nicht sind, sind da doch Zweifel, zumindest eine Mitschuld zu haben. Das alles löst natürlich Ärger aus. Es ist schon ärgerlich, wenn irgendjemand oder irgendetwas schuld ist oder sogar ich selbst daran Schuld habe, dass es nun so ist, wie ich es überhaupt nicht haben will. Es zeugt von großer Unwissenheit, in die »Schuldfalle« zu tappen, denn so etwas wie Schuld gibt es nicht. Da sich kein Mensch anders verhalten kann, als er sich verhält, kann es auch keine Schuld geben. Um das zu begreifen und zu vertiefen, finden Sie im nächsten Kapitel »Die Illusion durchschauen«, unter anderem eine tägliche »Praktik«, die Sie staunen lassen wird.

Da man sich über ein nicht gemochtes Verhalten meist ärgert, bleiben wir gleich bei diesem Beispiel. Einem Gefühl wie zum Beispiel dem Ärger einmal ganz anders zu begegnen ist etwas sehr Bereicherndes und Hilfreiches. Tun wir das nicht, fallen wir immer wieder in dieselben Muster zurück. Zuerst ärgern wir uns über das Verhalten, dann ärgern wir uns, dass wir uns ärgern. Es beginnt mit der Achtsamkeit, die der Zugang zu unserem Bewusstsein ist. Die Frage lautet nicht »Wie komme ich aus dem Ärger heraus?«, sondern »Wie gehe ich mit dem scheinbar auftauchenden Gefühl des Ärgerns (als Energiefeld) um«? In dem Moment, in dem der Ärger in uns hochkommt, gibt es *folgende Möglichkeiten*, damit umzugehen:

1. Sie lassen das Gefühl einfach im Raum stehen und erheben Ihr Bewusstsein und machen sich Ihrer Göttlichkeit bewusst.

2. Wenn Ihnen das noch nicht auf Anhieb gelingt, dann kümmern Sie sich einfach nicht um das Gefühl. Lassen Sie es »hier sein« und gehen Sie Ihrer momentanen Tätigkeit nach. Machen Sie alles ganz bewusst und lassen Sie sich von diesem Ärger nicht ablenken. *Er kommt und geht, doch niemals wird er hier bleiben, wenn Sie ihn nicht nähren.* Seien Sie gelassen, denn das Gute daran ist, dass er vergeht. Er geht auch ganz von selbst, wenn Sie sich nicht um ihn kümmern und ihm keinen weiteren Raum geben.

3. Fragen Sie sich, warum Sie sich ärgern: »*Was hat mich an dieser Situation gestört? Was hätte ich gewollt?*« Sie werden merken, dass es nicht die Situation ist, sondern dass sich hinter dem Ärger etwas ganz anderes verbirgt. Zum Beispiel etwas, das Sie nicht bekommen oder nicht erreicht haben. Die Antworten könnten wie folgt lauten:

Beispiel: Ich habe mich geärgert, weil …
… jemand nicht zu einem Treffen erschienen ist.
Ich habe die erwartete Aufmerksamkeit nicht bekommen.
Ich wollte mich amüsieren.
Ich wollte nicht alleine sein.

Beispiel: Ich habe mich geärgert, weil …
… ich zu wenig Geld dabei hatte, um mir das kaufen zu können, was ich haben wollte.
Ich wollte in diesem Kleid hübsch aussehen.

Ich wollte mir etwas Gutes tun.
Ich wollte etwas Besonderes haben.

Beispiel: Ich habe mich geärgert, weil …
… ich den Job nicht bekommen habe.
Ich wollte eine sinnvolle Beschäftigung haben.
Ich wollte hören, dass ich dafür sehr gut geeignet bin.
Ich muss Geld verdienen.

Sie werden schnell feststellen, dass der Ärger nur da ist, weil etwas nicht nach Ihren Vorstellungen gelaufen ist, Ihnen etwas fehlt, Sie etwas erwartet haben, erhofften, wollten … Ihr Ego wollte etwas. Machen Sie sich bewusst, dass das mit Ihnen nichts zu tun hat. Wenn Sie erkannt haben, was Ihnen fehlt, dann stellen Sie sich vor, wie Sie es bekommen hätten. Schließen Sie die Augen, erleben Sie diese Situation mit all Ihrer Präsenz und fühlen Sie sie. Bildlich, emotional und geistig. Dann erleben Sie dieses Gefühl und beobachten, was passiert. Wie fühlt es sich an? Ist es das, was Sie sich wirklich ersehnten? War das der wahre Grund des Ärgerns?

4. Sie lassen den Ärger ganz gezielt da sein und spüren seine intensive Kraft. Nun stellen Sie sich vor, dass diese Kraft – frei von jeglicher Wertung – in Sie zurückfließt. Dann geschieht etwas Wunderbares. Es geschieht Heilung, die Energie wird umgepolt und für Sie ganz neu erfahren und genutzt. Das funktioniert dann, wenn Sie aufkommende Gedanken nicht mehr verfolgen und nur im Gefühl der Angst bleiben. Wenn Sie das Gefühl

haben, jetzt ist der Höhepunkt erreicht, und es brodelt so richtig in Ihnen, dann stellen Sie sich vor, wie diese Kraft in Ihr Herz einfließt. Nehmen Sie sie ganz in sich auf und verbinden Sie sie mit dem Gefühl tiefer Dankbarkeit.

5. Sagen Sie sich: … (Verwenden Sie Ihren Vornamen) erlaubt sich, ärgerlich zu sein. Lassen Sie alle Widerstände los und gehen Sie in die Erkenntnis, dass der Ärger nur ein Energiefeld ist, der zwar Ihr Menschsein erreicht, aber nichts mit Ihnen selbst zu tun hat. So können Sie den Ärger nutzen, wie auch immer Sie es möchten. Durchschauen Sie den Ärger und versuchen Sie den Ursprung zu ergründen. Was ist sein Ursprung? Wo kommt er her? Wenn Sie sich in den Kern des Ärgerns hineinfallen lassen können, dann sind Sie in sich selbst angekommen.

6. *Das Ärgern loslassen.* Das hört sich nicht nur einfach an, es ist auch einfach. Doch wie lasse ich los? Loslassen ist kein Vorgang, den man vorsätzlich tut, sondern loslassen geschieht, indem man achtsam ist. Indem man seine Aufmerksamkeit mit all seinen Erscheinungen, Tätigkeiten und Nicht-Tätigkeiten auf den Augenblick richtet und ihn ganz bewusst erlebt, fällt alles andere ab. Einfach so. Frei von Anstrengung und ohne dabei etwas zu tun. Es geschieht.

Loslassen ist der erste und der letzte Schritt auf dem Weg zu einem erfüllten Leben. Sie haben jeden Morgen die Möglichkeit, sich zu entscheiden, mit welcher Laune Sie durch den Tag gehen wollen. Machen Sie Ihre Laune nicht länger von den Ereignissen und Umständen, die Ihnen widerfahren, abhängig, sondern erkennen Sie, dass Sie immer die Wahl haben, frei zu sein. Was auch immer gerade passiert, mithilfe der oben genannten Punkte, die Sie überall einsetzen können, wird es Ihnen nach und nach leichter fallen. Sobald Sie Ihre Aufmerksamkeit verlagern und in einer Sache auch gezielt beibehalten, werden Schwierigkeiten, Probleme, Mangel und Leid aus Ihrem Leben weichen. Was sich dann noch als belastend zeigen könnte, belastet Sie nicht mehr, weil Sie sich nicht mehr damit identifizieren. Sie sind frei und haben das Spiel durchschaut. Loslassen wird zum faszinierenden Abenteuer, wenn man bereit ist, sich dem Augenblick zu stellen, und realisiert, dass alles, was uns bisher so wichtig war, nichts weiter ist als illusorisch.

Die Illusion durchschauen

Denken ist hilfreich und notwendig, aber es sollte nicht über unser Leben bestimmen. Die meisten Menschen verlassen sich auf ihren Kopf. Was immer er sagt, wird ausgeführt. Obwohl immer mehr Menschen nach ihrem Bauchgefühl handeln, ist es doch das Denken, das uns in vielen Bereichen blockiert. Jeder Gedanke hält uns davon ab, »hier zu sein«. Gedanken sind nicht gleich Gedanken. Gedanken, die kommen und wieder gehen, spielen keine Rolle. *Gedanken, über die wir nachdenken und daher nicht mehr gehen lassen, rauben uns nicht nur Energie, sie binden uns an die Illusion und verstellen uns den Eintritt in das bewusste Sein.* Die Gedanken, die wir als »schlecht« bezeichnen, wollen wir am liebsten loswerden. Die Gedanken, die wir als »gut« bezeichnen, wollen wir behalten. Darin wollen wir am liebsten ständig umherspazieren und uns immer wieder daran erinnern. Doch ob wir Gedanken nun gut oder schlecht finden: Gedanken sind Energie, die nicht nur Kraft rauben, sondern uns die Chance verwehren, im Augenblick zu sein. Man spaziert in Gedanken in der Vergangenheit herum und macht kurz einen Abstecher in die Zukunft. Wann aber sind Gedanken still und wir einfach nur präsent? Wenn Sie denken, dass gute Gedanken nicht schlecht sein können, dann sind Sie im

Irrtum. Es gibt weder gute noch schlechte Gedanken, sondern nur Energiefelder, die kommen und gehen. Diese bezeichnen wir dann als gute oder schlechte Gedanken. Das Gedanken-Energiefeld, das auftaucht, ist immer neutral. Welchen Wert wir ihm dann einräumen und wie wir es benennen, ist eine andere Sache. *Gedanken dürfen hier sein, da ist nichts Schlimmeres daran, wir sollten uns nur nicht einbilden, dass es unsere sind.* Uns nicht darin zu verwickeln und uns nicht damit auseinanderzusetzen ist die Kunst. Wie auch immer uns der Gedanke nun gefällt, Denken geschieht im Feld der Materie. Da Denken immer nur in der Illusion stattfinden kann, können wir demnach auch nicht in der Realität sein, wenn wir uns im Denken verlieren. Gedankenstille stellt sich ein, wenn wir in unserem Selbst verweilen. Wann ist es bei Ihnen still und wie oft denken Sie nicht? Wir denken den ganzen lieben langen Tag und die meisten Gedankenabläufe geschehen automatisch. Wir bekommen gar nicht richtig mit, dass der Kopf andauernd auf Hochtouren läuft. Deswegen sollten wir das einmal etwas genauer betrachten.

Erforschen wir also nicht nur, was Gedanken sind und wo sie herkommen, sondern versuchen wir uns auch bewusst zu machen, wer da eigentlich denkt. Ich möchte hier auf die Schuld zurückkommen, die ich bereits im letzten Kapitel kurz angesprochen habe. Es gibt eine wunderbare Übung, die Sie am besten einmal am Tag praktizieren. Setzen Sie sich bequem hin, wenn Sie möchten bei Musik und einem Getränk. Lassen Sie den Tag Revue passieren. Erinnern Sie sich an einen Moment, in dem Sie jetzt zurückblickend sagen würden: »Das hätte ich anders machen sollen« oder »Da hätte ich anders regieren können.« Oder nehmen Sie eine Situation, in der Sie sich Schuldzuweisungen geben. Fällt Ihnen nichts Konkretes ein, dann gehen Sie weiter zurück, wenn Sie möchten, bis in die Kindheit.

Nehmen Sie ein ganz einfaches Beispiel, bei dem Sie das Gefühl haben, etwas falsch gemacht zu haben oder an etwas schuld zu sein, etwa Folgendes: Eine Kollegin hatte Sie sehr grob auf etwas hingewiesen und getadelt. Anschließend haben Sie etwas Grobes geantwortet. Im Nachhinein tat es Ihnen leid oder Sie denken sich jetzt: »Das hätte ich mir verkneifen können« oder »Musste das sein?« Gehen Sie nun tiefer in die Situation hinein. Fragen Sie sich, wie es dazu kommen konnte. Nun gut, Sie fühlten sich vielleicht verletzt und wollten sich das nicht gefallen lassen. Dafür ärgern Sie sich jetzt, weil Sie sich nicht im Griff hatten. Halten Sie am besten die ganze Zeit die Augen geschlossen, während Sie etwas tiefer »hinsehen« und »hinspüren«.

Jetzt, da Sie festgestellt haben, dass Sie etwas sehr Grobes gesagt haben, fragen Sie sich, wie es zu dieser Aussage gekommen ist. Schließen Sie die Kollegin aus dem Bild aus und bleiben Sie nur bei sich. Diese unschönen Worte kamen aus Ihrem Mund. Wie sind diese Worte denn da hineingekommen? Haben Sie sie etwa hineingelegt? Nein? Nun gut, dann war da vielleicht noch ein Gefühl der Verletztheit, das Sie die Worte sagen ließ. Wo kam das Gefühl her? Sagen Sie jetzt nicht, es entstand aufgrund der Kollegin, sondern bleiben Sie ganz bei sich. Beachten Sie nur das, was in besagtem Moment in Ihrem Körper passiert ist. Es geht darum, dass Sie den wahren Kern Ihrer Aussage ergründen. Es zählt nur das, wie es sich bei Ihnen abgespielt hat, wie es »rein technisch« dazu kommen konnte. Es geht um die Herkunft der Dinge, die sich in dieser Situation in Ihnen abgespielt haben. Sie sind nicht nur oberflächlich zu betrachten, sondern in ihrer Tiefe zu erfassen. Wo entstehen sie? Wo kommen sie her? Was sind sie wirklich? Ich führe Ihnen jetzt einen Dialog auf, den Sie aufgrund dieses Beispiels mit sich selbst führen können. In diesem Dialog stellen Sie Überlegungen an, um die Situation zu erforschen. Genau so könnte er verlaufen:

Der (Ihr) Verstand stellt fest: Ich habe gesagt: ›Du gehst mir auf die Nerven mit deiner ewigen Nörglerei.‹ Ich habe also zurückgefaucht und etwas gesagt, was ich mir hätte sparen können (so denke ich zumindest).
Antwort/Erkenntnis, die Sie feststellen: Ja, das habe ich.

Der Verstand fragt sich: Hatte ich das auch schon vor einer Woche sagen wollen?
Antwort/Erkenntnis, die Sie feststellen: nein.

Der Verstand fragt sich: Wo kam denn dieser Satz her?
Antwort/Erkenntnis, die Sie feststellen: aus meinem Mund.

Der Verstand fragt sich: Wie ist er da hineingekommen?
Antwort/Erkenntnis, die Sie feststellen: Wahrscheinlich dachte ich es vorher.

Der Verstand stellt fest: Woher kommen die Gedanken?
Antwort/Erkenntnis, die Sie feststellen: Weiß ich nicht. Aus meinem Kopf?

Der Verstand überlegt und fragt sich: Können Gedanken aus dem Kopf kommen? Und wenn ja, wie sind sie denn da hineingekommen?
Antwort/Erkenntnis, die Sie feststellen: keine Ahnung.

Nun gehen Sie noch etwas tiefer und lassen sich von Ihrer Ratlosigkeit nicht ablenken.

Der Verstand fragt sich: Können Gedanken im Kopf entstehen?
Antwort/Erkenntnis, die Sie feststellen: Weiß ich nicht.

Der Verstand fragt sich: Können Gedanken, die kommen und gehen, etwas Selbstständiges sein?
Antwort/Erkenntnis, die Sie feststellen: eigentlich nicht.

Der Verstand fragt sich: Wenn Gedanken im Hirn entstehen, dann müsste das Hirn ja etwas Eigenständiges sein. Wenn der Körper lebt, ist das Hirn ja noch da. Wo sind dann die Gedanken?
Antwort/Erkenntnis, die Sie feststellen: nicht mehr.

Der Verstand fragt sich: Wo sind sie denn jetzt? Warum sind sie nicht mehr hier?
Antwort/Erkenntnis, die Sie feststellen: Weil ich tot bin.

Der Verstand fragt sich: Was ist es also, was das Hirn am Leben erhält?
Antwort/Erkenntnis, die Sie feststellen: Energie? Gott?

Der Verstand stellt fest: Das Hirn sowie der Körper brauchen diese Energie, ansonsten regt sich nichts.

Der Verstand fragt sich: Habe ich einen Einfluss auf diese Energie? Wenn das Hirn sich nicht selbst am Leben erhält und Gedanken einfach kommen und gehen, inwieweit habe ich dann Einfluss auf meine Gedanken?
Antwort/Erkenntnis, die Sie feststellen: wahrscheinlich gar keinen.

Der Verstand stellt fest: Wenn Gedanken nicht aus meinem Kopf kommen, sondern nur von meinem Hirn verarbeitet wurden, dann ist das ja ein unwillkürlicher Ablauf.

Der Verstand fragt sich: Wenn ich es vor einer Woche noch nicht zu meiner Kollegin sagen wollte, so war es also nicht geplant.
Antwort/Erkenntnis, die Sie feststellen: Ja, das stimmt, also konnte ich ja gar nicht anders.

Der Verstand fragt sich: Wie kam es dann zu dieser Aussage?
Antwort/Erkenntnis, die Sie feststellen: Weil ich mich geärgert habe.

Der Verstand stellt fest: Aber wenn ich den Ärger beiseitelasse und nur bei der Aussage selbst bleibe und diese ergründe, dann ist es ganz sicher, dass ich es nicht wollte.

Der Verstand fragt sich: Hatte ich vor, es zu sagen, oder war der Satz einfach da?
Antwort/Erkenntnis, die Sie feststellen: Er war einfach da.

Der Verstand fragt sich: Und wie?
Antwort/Erkenntnis, die Sie feststellen: einfach so. Ich kann es nicht sagen. Es geschah einfach. Es ist einfach über mich gekommen.

Der Verstand fragt sich: Hatte ich in diesem Moment eine andere Wahl?
Antwort/Erkenntnis, die Sie zögerlich feststellen: nein, aber …

Der Verstand fragt sich: Hätte ich nicht auch »nichts« sagen können?
Antwort/Erkenntnis, die Sie feststellen: Aber ich hatte in dem Moment doch keine Alternative vor Augen. Da war kein »Soll ich dies, oder doch nicht …«. Es war einfach da. Der Satz kam über meine Lippen, ohne jegliche Verzögerung.

Der Verstand stellt fest: Hätte ich denn nicht meinen Mund gehalten, wenn es auch so sein hätte sollen?
Antwort/Erkenntnis, die Sie feststellen: Wahrscheinlich musste es so sein. Obwohl …

Der Verstand stellt fest: Wenn Gedanken also nicht aus dem Kopf kommen, sondern das Energiefeld durch meinen Kopf genährt wird, dann kann ich ja auch nicht planen, was ich sage. Ich kann zwar vorher überlegen, bevor ich etwas sage, aber auch das ist ein Gedanke. Das heißt, ich habe keinen Einfluss darauf, ob ich überlege oder spontan etwas von mir gebe, da ist etwas, das den Ablauf steuert. Das muss ja auch so sein. Wenn alles Bewusstsein ist, dann muss doch etwas die Dinge geschehen lassen. Also gibt es auch keine Schuld.
Antwort/Erkenntnis, die Sie feststellen: Das stimmt.

Der Verstand stellt fest: Also muss ich mich nicht schuldig fühlen und auch meine Kollegin nicht beschuldigen, wenn wir doch beide waren, wie wir waren.
Antwort/Erkenntnis, die Sie feststellen: Gedanken kommen und gehen. Gedanken sind einfach hier. Ich denke ja nicht: »Ich denke jetzt einfach mal, dass diese Kollegin blöd ist.« Es denkt mich doch einfach. Also geschieht es nicht willentlich, sondern spontan. Auch wenn ich glaube, dass ich es ändern hätte können, muss diesem Gedanken stets etwas vorausgehen, damit er überhaupt in mein Bewusstsein treten kann.

Wenn wir also unsere scheinbare Tat genau beobachten und auf ihre Herkunft untersuchen, dann werden wir feststellen, dass wir in diesem Moment gar keinen Einfluss darauf nehmen konnten, etwas anderes oder nichts zu sagen. Wenn wir das tagtäglich durchspielen, dann werden wir ganz schnell zu der Erkenntnis kommen, dass es so etwas wie Schuld nicht gibt. Wir können uns zwar beschuldigen oder jemandem die Schuld an etwas geben, doch weder meine Person noch die Kollegin hätten sich in diesem Moment anders verhalten können. Es geschieht immer nur dem Bewusstsein entsprechend. Auch die Kollegin konnte nicht anders. Auch sie hatte und hat keinen Einfluss darauf, welche Gedanken auftauchen. Natürlich könnte man einfach still sein und nicht reagieren, aber solange sich das Ego noch betroffen fühlt, wird es zurückschlagen wollen. Wenn Ego auf Ego trifft, wird sich da keine andere Möglichkeit ergeben. Wenn wir in unserem höchsten Ich als Bewusstsein verweilen, dann werden wir nicht mehr reagieren, weil wir uns ja nicht betroffen fühlen. Das Ego fühlt sich aber betroffen. Dies gilt es zu durchschauen.

Bei dieser Übung, die keine Übung im herkömmlichen Sinn ist, sondern eher ein tieferes Erfassen dessen, was wir als real bezeichnen, geht es darum, die Illusion der Schuld zu erkennen und die Gedanken zu durchschauen. Wir können nicht einfach sagen »Ich bemühe mich ab jetzt, niemanden mehr zu beschuldigen«, sondern wir sollten den Raum des Egos verlassen, wo Schuldzuweisungen überhaupt erst möglich werden. Es ist die begrenzte Sichtweise des Verstandes, die nur darauf wartet, aufgedeckt zu werden, denn je öfter wir erkennen, dass es einfach so ist, und es auch so stehen lassen können, desto mehr werden wir emotional handeln und uns der Freiheit nähern.

Vom »Denkapparat« zum »Instrument der Emotionen«

Nachdem wir gemeinsam in die Tiefe gegangen sind und uns gemeinsam an die Wirklichkeit herangetastet haben, möchte ich nun etwas Irdisches miteinflechten. Zwischendurch kann Erdung ganz guttun und nach Höhenflügen kann man auch wieder im Menschsein innehalten. Viele Menschen haben Angst davor, den Boden unter den Füßen zu verlieren. Entweder sind sie nur im geistigen Bereich tätig oder sie ersticken im irdischen Tun. Eine gesunde Mischung ist immer ratsam und kein Mensch braucht Angst davor zu haben, abzuheben. Es ist etwas ganz Grundlegendes, sich um sich selbst zu kümmern und nebenbei seinen Alltag zu bestreiten. Man muss nichts hinter sich lassen, vernachlässigen oder sein ganzes Leben über den Haufen werfen. Es geht nur darum, den Alltag bewusst zu erleben und jeden Tag etwas Zeit einzubauen, um sich zu zentrieren und nach innen auszurichten. So wie Sie jeden Tag etwas essen, sich die Zähne putzen und frisieren, so sollten Sie feste Zeiten einplanen, um Ihre Seele zu pflegen. Das ist im Grunde etwas Selbstverständliches, doch kaum einer tut es. Der Schlüssel liegt in der Regelmäßigkeit, aber nicht weil man es tun muss. Es sollte ein inneres Verlangen sein, sich dem Höchsten zuzuwenden und die anderen Dinge einfach einmal ruhen lassen.

Unser »Denk-Instrument« besteht aus zwei autonomen Teilsystemen, die sich wunderbar ergänzen: der rechten und der linken Gehirnhälfte, die beide ganz unterschiedliche Aufgabenbereiche verfolgen. Die rechte Gehirnhälfte kann in kürzester Zeit unglaublich viele Einzelinformationen aufnehmen und verarbeiten. Dies geschieht so schnell, dass wir es nicht einmal bemerken und uns nur das Ergebnis bewusst ist. Die rechte Gehirnhälfte hat einen engen Kontakt zu unseren Gefühlen und bezieht die Gefühle in seine Bewertungen mit ein. Aber es hinterfragt seine Ergebnisse nicht mehr und erlebt sie als »Wahrheit«. Interessant ist es hier zu beobachten, dass die Eigenschaften der Gehirnhälften, im Gegensatz zum Körper selbst, seitenverkehrt angeordnet sind. Die rechte Körperseite ist ja die »harte« Seite. Sie entspricht dem männlichen Prinzip und ist das formgebende Element. Sie ist für das Tun und Handeln verantwortlich. Die rechte Gehirnhälfte bezieht sich in ihrer Eigenschaft auf die linke Körperseite, die ja die weichere, weibliche Seite ist. Sie ist das gefühlsbetonte Element.

Die linke Gehirnhälfte ist mit der rechten Körperseite verknüpft und übernimmt dort den handelnden, männlichen Aspekt. Die linke Gehirnhälfte ist sehr langsam. Sie analysiert Informationen Schritt für Schritt, ganz gründlich und logisch. Sie kann aufgrund der bisherigen Erkenntnisse zukünftige Situationen verstehen oder erwartete Ergebnisse »vorhersagen«. Man könnte aber auch sagen, sie versucht sich darin, denn sie kann ja nur auf ihr Wissen zurückgreifen und das ist sehr begrenzt. Kaum jemand weiß, dass sie nur sieben Informationen gleichzeitig aufnehmen kann. Dies kann ganz leicht mit einer Zahlenreihe überprüft werden. Bis zu sieben Zahlen werden Sie mit »einem Blick« erfassen. Sind es mehr, werden Sie davon wahrscheinlich nur sieben behalten. Die linke Gehirnhälfte bringt die Ereignisse auch in einen zeitlichen Zusammenhang und Ablauf.

Beide Gehirnhälften ergänzen sich ideal und kommen gemeinsam zu einem optimalen Ergebnis. Man könnte sagen, das Weiche und das Harte, das Erfassende und Planende, das Yin und das Yang finden hier zusammen und bilden eine wunderbare Einheit. Meistens ist es aber so, dass eine Seite aktiver ist als die andere. So kommt man zu einseitigen Ergebnissen, ohne es zu bemerken. Auch unsere Gewohnheiten, Programme und Verhaltensmuster stimmen nicht immer überein. Deshalb können sie sich gegenseitig sogar stören. Diese Behinderung kann zu komplexen Wechselwirkungen führen. Ein »Teufelskreis«, aus dem es kein Entrinnen gibt, wenn man um den Ablauf nicht weiß. Angst-Programme sitzen tief. Man sagt immer, dass die Urangst die Grundlage wäre, die uns hemmt und daran hindert, offener zu werden. Doch hinter der Angst sitzt die Kontrolle. Das heißt, dass die Angst zwar einen sehr starken Einfluss auf uns hat, dass es aber noch etwas gibt, auf das die Angst aufgebaut ist.

Der Ausgangspunkt der Angst ist die Kontrolle. Erst wenn wir Angst haben, die Kontrolle zu verlieren, schlittern wir in die Angst, die es dann nur allzu gut versteht, uns zu umklammern und nicht mehr loszulassen. So empfinden wir es zumindest, obwohl wir es eher sind, die die Angst unbewusst festhalten. Das starke Gefühl der

Angst kann so tief im Unterbewusstsein »verankert« sein, dass es die Leistungsfähigkeit des gesamten Gehirns reduzieren kann und im Extremfall sogar in der Lage ist, es ganz »abzuschalten«. Das bedeutet nichts anderes als Handlungsunfähigkeit. Verfälschtes Verhalten ist ja dagegen noch harmlos, doch jedes veränderte Verhalten bildet wieder eine Ursache, die eine Wirkung erzeugt. Eine angstvolle Handlung als Ursache kann keine Wirkung nach sich ziehen, die wir als angenehm empfinden werden. Natürlich basieren Ängste auf dem Überlebensprogramm, das uns nur mögliche Gefahren aufzeigt, um uns zu warnen und zu beschützen. Diese Ängste sind uns aber nur selten bewusst. Wir fühlen sie oft ganz plötzlich, ohne dabei einen äußeren Anlass wahrzunehmen. Welch wundersame Fügung ist es, wenn wir das erste Mal von unserem Urvertrauen geführt werden und damit in Berührung kommen! Der Verstand kann zwar einiges nachvollziehen und analysieren, aber diese Ergebnisse können diese veralteten Programme nicht auflösen. Sie sind in unserem »emotionalen Gedächtnis« gespeichert und für den Verstand unerreichbar. Was nutzt uns das Wissen oder die Ursache um ein Problem, wenn wir nur im Bereich des Denkens nach Lösungen Ausschau halten? Nur wenn wir unsere Erkenntnisse mit einem identischen Gefühl koppeln und durch die »Macht der Wiederholung« im Unterbewusstsein »verankern«, können wir längst überholte Programme »löschen« und sinnvolle installieren.

Manche Menschen bemühen sich immer noch darum, positiv zu denken, weil sie glauben, dass die Gedankeninhalte für ihr Leben verantwortlich sind. Sie sagen sich daher immer wieder positive Affirmationen und hoffen, dass sie irgendjemand erhört. Wer das sein soll, das wissen sie wohl selbst nicht so genau. Man kann es ja mal versuchen. Eine »Affirmation« hat nur dann eine Wirkung, wenn sie auch als wahr empfunden wird. Die Emotion muss also mit dem Gedachten übereinstimmen. Erinnern Sie sich an die Gesetzmäßigkeiten des Universums. Positives zieht Negatives an. Wir leben hier in einem dualen Prinzip. Wenn Sie also nur positiv denken, dann leben Sie nur eine Seite. Das heißt, Sie machen sich für die negative Seite resonanzfähig. Viel mehr als »so« oder »so« zu denken, geht es also darum, diesen dualen Bereich um einen neutralen Bereich zu erweitern. *Weder links noch rechts ist stimmig, nur die Mitte passt.*

Wenn man sich nicht gut fühlt, nutzt es nichts sich einzureden, dass man sich gut fühlt. Wenn Sie über geringe finanzielle Mittel verfügen, gesundheitliche Einschränkungen haben oder sich einfach nur erfolglos fühlen, wird es auch nichts an der Situation ändern, wenn Sie sich ständig sagen, dass Sie reich, gesund und erfolgreich sind. Allein das Gefühl und die dazugehörigen Gedanken entscheiden, wie sich die Situation zeigen wird. Nur wenn Sie sich wohlfühlen und in Gedanken und im Gefühl davon überzeugt sind, dass es anders ist, wird eine energetische Änderung eintreten, die einen äußeren Wandel nach sich zieht. Wenn Sie den »Endzustand« imaginieren, indem Sie sich im bereits erfüllten, eingetroffenen Erwünschten sehen, ihn spüren und sich in ihn hineindenken können (als ob es bereits geschehen wäre), dann erschaffen Sie Ihre Zukunft selbst. Sich also nicht wünschen oder vorstellen, wie es sein »könnte«, sondern sich mit allen Sinnen dankbar in der Situation »erleben«, die eintreffen soll. Man erlebt es, als wäre es bereits, als *Ist*-Zustand und nicht als Wunsch. Die Manifestation geschieht also »vom bereits erlebten Endergebnis« aus und nicht zum Endergebnis schauend. Das ist eine wunderbare Möglichkeit, um Ihr Leben ganz neu zu erschaffen. Wenn Sie weiterhin in dem Irrglauben bleiben, dass Sie positiv denken müssen, um etwas zu verändern, dann erschaffen Sie sich damit eine Realität voller Probleme und Schwierigkeiten, die Sie mit dem Zwang konfrontiert, positiv denken zu müssen. Auch wenn Sie sich sagen »Ich muss jetzt alle negativen Gefühle loslassen«, ziehen Sie genau das an, was Sie nicht wollen. Damit lenken Sie Ihre Aufmerksamkeit auf jedes negative Gefühl und vervielfachen solche Gefühle.

Es ist dasselbe, wenn Sie sich sagen: »Ich muss jedem Menschen liebevoll begegnen.« Das sollten Sie allerdings. Es sollte aber ein Verlangen sein, wobei Sie einem ganz natürlichen Verhalten folgen, und nicht etwas, das Sie nur tun, weil es sich so gehört – nach dem Motto: »Nur wenn ich anderen Gutes tue, wird mir selbst Gutes geschehen.« Das mag sein. Wenn Sie aber aus Berechnung heraus so sind, weil Sie meinen, so sein zu müssen, dann bringt das nicht nur nichts, sondern es ist heuchlerisch und unehrlich – sich selbst, dem Leben und den anderen gegenüber. Wenn Ihnen jemand auf die Nerven geht, vielleicht das Verhalten oder eine Gewohnheit dieser Person, dann können Sie sich nicht einreden, dass Sie sie mögen. Wichtig ist es, erst einmal hinzusehen und festzustellen, was Sie stört. Ist es zum Beispiel eine Geste, dann sollten Sie einmal feststellen, dass es mit der Person selbst nichts zu tun hat. Es ist nur Ihr Verhalten, das Ihnen lediglich etwas aufzeigen will.

Richtig: Ihre Ablehnung hat ein Bild, eine Situation, erschaffen, die eine Person so erscheinen lässt.

Falsch: Was will mir das sagen? Warum ist der andere so?

Der andere ist nicht aus sich selbst heraus so, er ist so, weil ich es mit meinem Bewusstsein erschaffen habe. Es geht darum, bei mir zu bleiben. Der oder das andere ist also immer nur eine Spiegelung meines So-Seins. Warum nach dem »Grund« forschen, wenn ich ja der Grund bin, der diese Situation erschuf?

Ganz falsch: Der andere ist schuld.

Die Person und die Umstände dürfen sein, wie sie wollen; was zählt, ist Ihr Verhalten dazu. Sie sind ja nicht auf der Welt, um andere zu bewerten, sondern um mithilfe des Umfeldes, zu dem auch die »anderen« gehören, sich selbst zu erfahren. *Ihre Ablehnung spiegelt Ihnen nur die Unfähigkeit wider, die Dinge so sein zu lassen, wie sie sind.* Es geht um Sie. Es geht nicht darum, das Verhalten der Person zu verändern, sondern zu erkennen, dass Sie es sind, der etwas ablehnt und nicht akzeptieren kann. Es ist also immer der eigene Mangel, den man als solchen zu Kenntnis nehmen soll, ohne sich ständig im anderen aufzuhalten. Das eigene Thema hat mit der »anderen Person« nichts zu tun.

Wenn Sie den Ball nicht weiterspielen, nicht mehr von sich selbst ablenken und nur vor Ihrer Haustür kehren, dann haben Sie schon einen sehr wichtigen Schritt getan. Nun brauchen Sie nicht zu analysieren und herauszufinden, warum oder wieso Sie so reagieren. Lassen Sie das Gefühl Ihrer Abneigung einfach da sein. Betrachten Sie es, als ob Sie damit nichts zu tun hätten. Stellen Sie fest, was dieses Gefühl ist. Es ist ein Energiefeld, das kommt und geht. Halten Sie es nicht fest und gestatten Sie sich, es als Mensch zu empfinden. Erzeugen Sie keinen weiteren Widerstand, indem Sie sich nun auch noch dafür ablehnen, dass Sie dieses Gefühl haben. Sobald Sie dem Gefühl Ihr Okay geben, ohne darüber nachzudenken und sich weiter darin zu verstricken, haben Sie alles Notwendige getan und die Situation gemeistert. Lieben Sie sich dafür, wie Sie und das Leben gerade sind, und alles ist gut.

Wie Sie Ihr Leben meistern

Wenn Sie jeden der folgenden Schritte praktisch vollziehen, dann weitet sich Ihr Bewusstsein und Sie schreiten
Ihrer Meisterschaft entgegen. Warten Sie nicht darauf,
dass in Ihrem Leben etwas geschieht, sondern setzen Sie
eine Ursache. Diese Ursachen werden wundersame Wirkungen nach sich ziehen. Sie setzen mit jedem Gedanken,
mit jedem Gefühl und jeder Handlung ständig Ursachen,
auch wenn das unbewusst geschieht und Sie es meistens
nicht bemerken. Haben Sie Mut und nutzen Sie jeden Augenblick die Chance, ganz bewusst zu leben, aufmerksam
durch das Leben zu gehen und ganz gezielt Ursachen zu
setzen. Das Leben fordert Sie jeden Tag aufs Neue heraus,
den Tag sorgfältig und klar zu beschreiten. Es sollte kein
Tag vergehen, an dem Sie sich nicht bewusst zentrieren,
nach innen richten und dem Leben offen und achtsam
begegnen, denn nur so werden Sie mehr und mehr den
meisterlichen Weg einschlagen. Sie können den Weg als
»Lebens-Lehrling« gehen oder als »Meister des Lebens«
beschreiten. Entscheiden Sie selbst, ob es jetzt an der Zeit
ist, das Leben in die Hand zu nehmen und die Opferrolle
fallen zu lassen. Der richtige Augenblick ist immer jetzt,
da nichts anderes außer dem Jetzt existiert.

- *Entscheiden Sie sich!* Ich entscheide mich, als wer ich das »Spiel des Lebens« spiele. Ich entscheide mich, wie ich das Spiel spiele und welches Spiel ich spiele. Mit der Imagination kann ich sogar bewusst bestimmen, wie es ausgehen soll. Erlebe ich mich im erwünschten Endzustand so, als wäre es bereits geschehen, dann ist das wunschverwirklichende Energie. Ich erfahre mich auf allen Ebenen meines Seins und mit allen Sinnen als der erwünschte Zustand selbst. *Vom* erwünschten Endzustand aus die Dinge zu erleben bedeutet, dass ich damit gezielt Ursachen setze, die nicht nur eine Wirkung nach sich ziehen, sondern die Wirkung erzeugen, die ich bereits vorauserlebt habe. Ich nutze das Schöpfungsinstrument »schöpferische Imagination« ganz bewusst. So kann ich die »vorerlebte Realität« gestalten, um sie in Erscheinung zu rufen.

- *Wer bin ich?* Ich mache mir bewusst, welche Erfahrungen ich hier und jetzt machen möchte. Ich definiere meine Lebensabsicht klar und deutlich und überprüfe, ob sie auch zu mir passt. Entspricht sie mir wirklich? Wem dient sie? Meinem Ich, meinem Ego oder meinem göttlichen Bewusstsein, meinem Selbst? Erst wenn ich mich für den Weg des Bewusstseins entschieden habe, wird sich der optimale Weg zu erkennen geben. Gehe ich den Weg des Egos, ist das auch nicht schlimm. Dann mache ich noch ein paar Umwege, bis ich wieder auf den Hauptweg zurückgekehrt bin. Gehe ich den Weg des Selbst, dann bleibe ich gleich auf der Hauptstrecke und kann einige unangenehme Erfahrungen umgehen. Entscheide ich mich sofort für das höhere Ziel, bin ich bereit für weitere Erfahrungen und »Prüfungen«, die mich auch in meinem Bewusstsein überprüfen werden.

- *Entleeren Sie sich!* Ich komme wieder »zu Bewusstsein«, indem ich – in das »Paradies des Jetzt« – ganz bewusst eintrete. Jetzt zu sein bedeutet präsent zu sein. Präsent zu sein heißt nicht, Gedankenstille zu halten, sondern die Aufmerksamkeit ganz in den Moment zu legen, dass Gedanken erst gar nicht auftauchen können. Ich bin der stille Beobachter meines Seins.

- *Setzen Sie neue Ziele!* Ich überprüfe, welche Talente und Fähigkeiten ich mitgebracht habe und was mir wirklich Freude macht. So kann ich mir bewusst werden, wie ich den Alltag gestalten möchte. Was ist meine Berufung? Was ist mein Lebensplan? Welche Aufgaben möchten durch mich erfüllt werden? Persönliche Ziele kann ich außen vor lassen und überprüfen, was zu tun ist. Womit kann ich dem Leben dienen? So gehe ich ganz bewusst den Weg der Freude und nutze mein geistiges Kapital. Ich nutze es, indem ich es auch anwende. Nur darüber zu wissen reicht nicht aus. Einfach zu hoffen, dass schon irgendetwas passieren wird, reicht ebenfalls nicht aus. Das Leben braucht klare Instruktionen, die Sie ihm am besten sofort geben sollten. Nur wer innerlich »weiß«, was er will, wird es auch erfahren können.

- *Sehen Sie hin!* Ich mache mir bewusst, was mir das Leben sagen will. Welche Botschaften schickt mir der Alltag, das Umfeld, der Körper? Ich sehe genauer hin und erkenne in dem die Botschaft, was sich mir in den »Weg stellt«. Es geht nicht darum, das andere zu bemängeln, sondern mich selbst zu erfahren. Mich besser kennenzulernen, um identischer zu werden – um wahrhaftiger zu sein. Ich nehme jede Botschaft dankbar an und sehe hin, welche Aufgaben eventuell damit verbunden sind. Ich löse mich von der Anhaftung, von der Schwere und lasse alle Widerstände los. Ich sehe hin und erlaube mir, dass es so sein darf. Wenn ich in die Botschaft hineingehe und einfach nur spüre, dann werde ich frei sein. Bleibe ich im Analysieren und im Verstand und versuche über den Kopf eine Lösung zu finden, dann verstricke ich mich nur weiter darin.

- *Lassen Sie los!* Frei zu sein bedeutet, sich von allem zu lösen. Alle Anhaftungen fallen zu lassen. Ob Gedanken, Emotionen, Erinnerungen, Sorgen etc., alles darf sich frei entfalten. Es wird dann verschwinden, wenn ich es »gehen lasse«. Das bedeutet, mich nicht mehr darum zu kümmern. Ich bejahe es. Es ist hier. Aber es ist nur vorübergehend. Es kommt und geht. Ich werde nichts und niemanden in meinem Leben daran hindern, gehen zu müssen. Was zu mir findet, in mir hochkommt, sich erhebt oder durch eine äußere Begebenheit in mein Leben tritt, ist herzlich willkommen. Es wird sich dann aus meinem Leben verabschieden, wenn ich es komplett neutral beobachten kann und mich nicht mehr damit identifiziere. Es wird so lange durch verschiedenste Dinge in mein Leben kommen, bis ich innerlich weiß, dass ich nicht meine Gefühle bin.

- *Richten Sie sich immer wieder neu aus!* Ich gestatte meiner Aufmerksamkeit nie, sich länger als ein paar Sekunden in etwas zu verlieren. Aufmerksam kann man immer nur jetzt sein, deswegen sollte auch die Aufmerksamkeit im Jetzt ruhen. Das bedeutet nicht, dass Sie alles aufmerksam betrachten, während Sie in der Gegend herumschauen. Alles, was ich gerade tue, geschieht mit absoluter Aufmerksamkeit. Es ist wie ein Ritual, als ob ich etwas ganz Besonderes tue. Nur die momentane »Handlung« oder »Nicht-Handlung«, nur das, was meine Sinne erfassen, hat Platz in meiner Wahrnehmung. Sollte Ihnen das anfangs noch etwas schwerfallen, dann nutzen Sie vorübergehend folgen-den Leitsatz: *Ich richte die Aufmerksamkeit bewusst auf das, was sein soll, und ziehe sie von den Dingen ab, die nicht sein sollen.*

- *Freuen Sie sich! Ich gehe in »heiterer Gelassenheit« durch mein Leben. Was auch immer* geschieht, ich bin in stil-ler Freude. Alles, was geschieht, ist ein Geschenk. Auch wenn ich es nicht gleich erkennen kann, genau so darf es sein. Ich muss es auch nicht erkennen, es ist nicht meine Hauptaufgabe, das Leben zu analysieren. Meine Hauptaufgabe ist es, bei mir zu bleiben und mir selbst auf die Schliche zu kommen. Mein Selbst zu entdecken und zu meinem göttlichen Ursprung zurückzukehren, dazu bin ich hier. Ich kann den Verstand vorübergehend nutzen und mich in gewissen Praktiken üben, doch die werden eines Tages verblassen. Was bleibt, das bin Ich. Das eine Ich, das bleibt, ist das wahre Ich, es ist das einzige Ich, das es wirklich gibt. Das Leben ist Freude. Es kann sein, dass ich einige Erfahrungen nicht so empfinde, doch Freude selbst ist unvergänglich. Sie ist kein momentanes Gefühl, sondern unser ursprünglicher Kern. Entdecken Sie Ihre Freude in der Betrachtung von Blumen und in der Natur, denn hier ist Freude am einfachsten zu erfahren. Alles, was sich regt und bewegt, ist ein Geschenk Gottes. Die Vollkommenheit der Natur unterstützt Sie dabei. Wenn Sie sich an vielen einfachen Dingen erfreuen, wird es Ihnen mehr und mehr gelingen, in allem die Freude zu entdecken. Auch in Dingen, die Sie früher vielleicht noch abgelehnt haben. Schauen Sie einfach etwas genauer hin, denn nur wer ganz genau hinsieht, wird die Freude, die der Ursprung aller Dinge ist, auch entdecken können.

■ *Zentrieren Sie sich!* Immer wieder, im Laufe jeden Tages, halte ich inne und trete ganz bewusst in das »Paradies des Augenblicks« ein. *Es gibt Momente, die Sie augenblicklich erleben, und es gibt den Augenblick, der immer ist. Es ist eine Wahrnehmung, die Ihre Persönlichkeit zurücktreten lässt und Ihr Selbst entschleiert.* Es sind Momente, die einfach da sind. Warum? Weil sie so sind, wie sie sind. *Diese »Momente« sind nicht*

*verfälscht, werden nicht zu Tode gedacht und auch
nicht persönlich in Besitz genommen – sie sind befreit
von menschlichen Verwicklungen und weltlichem Geschehen.* Alles ist jetzt. Sie leben in der »Geistes-Ge-
genwart«. Sie sind ganz präsent, ganz »da« und leben
wirklich »angekommen«. *Solche göttlichen Augenblicke geschehen dann, wenn man nichts mehr will und
wenn man sie nicht sucht.* Setzen Sie sich in die Natur
und nehmen Sie den Moment einfach wahr. Folgen
Sie nur Ihrer Beobachtung und erwarten Sie nichts.
Lassen Sie Stille einfach geschehen. Zelebrieren Sie
das Leben, und erfüllen Sie den Augenblick nicht mit
Gedanken, sondern mit sich selbst, denn dazu sind
Sie da.

Meditation einmal anders

Es gibt immer noch Menschen, die denken, Meditation sei eine Übung, um »erleuchtet« zu werden. Meditation ist aber nichts anderes als eine Erfahrung. Wer sich erfährt, befindet sich in einem meditativen Zustand. Ob er das nun weiß oder nicht weiß, spielt hier keine Rolle. Das ganze Leben sollte zu einer einzigen Meditation werden, indem man sich ständig und *in allem* erfährt. Wenn man sich als das eine höchste Selbst in den Dingen sieht, dann ist man wohl ein sehr meditativer Mensch. Alles, was wir über Meditation lesen, führt uns meist von ihr weg, weil wir durch die Meditation versuchen, uns selbst näher zu kommen.

Das Lesen dieses Kapitels selbst kann zur Meditation werden, wenn es frei von Erwartungen geschieht. Man liest, um etwas in sich aufzufrischen, um etwas wiederzubeleben. Was bereits immer schon in einem ist, kann wieder zum Leben erwachen. Ganz plötzlich und ganz ohne Anleitung geschieht es, oder auch nicht. Meditation ist also kein willentlich herbeigeführter Zustand, sondern ein natürlicher Vorgang.

Auch wenn man Meditation, also die Selbsterfahrung, nicht punktgenau herbeiführen kann, gibt es dennoch Möglichkeiten, um das Herz zu öffnen und weiter zu werden für den Zugang der Seele. Man könnte die Absicht, Meditation herbeiführen zu wollen, mit dem Wunsch vergleichen, seine Augen sehen zu wollen. Man kann die Augen ja auch nicht sehen. Man weiß um seine Augen, weil man weiß, dass man mit ihnen sieht. Erst wenn man in den Spiegel sieht, wird man sie entdecken. Bei genauerem »inneren Hinsehen« mit dem Herzen kann man sich auch als Meditation, also als die Erfahrung selbst, entdecken, dafür bedarf es aber einer »Schulung« in Bezug auf unsere Feinfühligkeit.

Wer sich immer im Denken verliert, wird feststellen, dass es mit seiner *inneren Wahrnehmung* nicht gerade rosig aussieht. Doch ist sie immer da, sie muss nur wiederbelebt werden. Wenn Sie eine Blume nicht gießen, wird sie verwelken, und wenn Sie Holz nicht pflegen, wird es morsch. Es geht also einzig und allein um die Hinwendung und die Ausrichtung Ihrer Sinne. Nutzen Sie Ihre Sinne, um sich selbst zu erforschen, und lassen Sie es sein, dagegen anzukämpfen. Versuchen Sie auch nicht das, was Ihnen scheinbar im Wege steht, loswerden zu wollen. Sie benötigen es für Ihre Erkenntnisreise. Das Spiel des Lebens bedarf dieser Ausstattungen und Werkzeuge, sonst wären sie auch nicht hier. Man hat sie Ihnen mit auf den Weg gegeben, damit Sie sie nutzen, aber richtig! Alles soll für das genutzt werden, wofür es bestimmt ist. Der Mensch aber neigt dazu, alles zweckentfremden zu wollen. Genau deshalb ist die Welt auch so, wie sie ist.

Wer hat ihn noch nicht erlebt, einen Moment, der unser Herz erstrahlen ließ? Kaum war er hier, war er auch schon wieder weg. Natürlich ist er uns nur allzu gut in

Erinnerung geblieben. Leider so gut, dass wir nun angestrengt nach Möglichkeiten suchen, diesen erhabenen Moment wieder herbeizuführen. Je mehr wir danach Ausschau halten, desto mehr haben wir das Gefühl, als ob er sich vor uns verstecken würde. Wir werden aber auf alle Fälle bemerken, dass diese Augenblicke keinem bestimmten Schema folgen. Es gibt keine speziellen Ereignisse oder schicksalhaften Begebenheiten, die diesen fruchtbaren Moment im Schlepptau haben. Er kommt immer dann, wenn man überhaupt nicht damit rechnet. Diese Momente der Glückseligkeit kommen und gehen, wann immer sie wollen, und verzaubern uns oft zu ganz unerwarteter Stunde. Manchmal erwachen wir sogar aus dem Schlaf, der sich wie das Paradies anfühlte. Nun ist der ganze Tag wie auf Wolken gebettet. Es ist so, als wären wir gar nicht hier. Irgendwie stimmt das auch, denn wenn das Selbst empordringt, dann rückt die Persönlichkeit in den Hintergrund.

Diese Glückseligkeit kann sich in allen Momenten einstellen und zeigt sich sehr spärlich, dafür umso intensiver. Wir sitzen mit der Familie zusammen und plötzlich überkommt uns ein innerer Friede. Wir wissen nicht, woher er kommt und wir können auch nicht nachvollziehen, warum das jetzt so ist. Wir fühlen einfach, dass der Moment *ist*. Erst danach stellen wir Überlegungen an und machen diesen Moment zu etwas Besonderem, doch in dem Moment, in dem er ist, ist er ganz natürlich. Für wenige Atemzüge darf er frei von jeglichen Betrachtungsweisen sein. Das kann auch gar nicht anders sein, denn sonst wäre er nicht. *Die Glückseligkeit zeigt sich dann, wenn alles andere abwesend ist.* Das Wort »Familie« ist ein ganz gutes Beispiel für den Begriff »zuhören«. Ein wirkliches Zuhören ist eine Art meditativen Seins.

Wie ist es bei Ihnen? Erinnern Sie sich doch an ein Gespräch oder beobachten Sie sich das nächste Mal selbst, wenn Sie sich mit jemandem unterhalten. Wo sind Sie in der Zwischenzeit? Sind Sie hier? Denken Sie nach? Fragen Sie dazwischen? Ordnen Sie ein? Beurteilen Sie das Verhalten oder das Äußere Ihres Gegenübers? Seien Sie ehrlich zu sich, und versuchen Sie, jedes Zuhören in ein Horchen zu verwandeln und es zu einer Meditation zu machen. Diese »Übung« können Sie überall praktizieren und Möglichkeiten für Gespräche gibt es ja genug. In der Familie, in der Partnerschaft, im Kollegenkreis, bei der Arbeit etc. können Sie den Moment sinnvoll und bewusst nutzen. Hören Sie gut hin und reden Sie nur, wenn Sie gefragt werden. Wenn Sie sich dabei ertappen, dem anderen ins Wort zu fallen oder ihm ins Wort fallen wollen, dann lassen Sie das, was Sie auf der Zunge haben, ganz bewusst dort ruhen. Sprechen Sie es nicht aus, sondern bleiben Sie beim Hören. *Was ich immer wieder festgestellt habe: Die Welt braucht unsere Gedanken und Worte nicht. Wir sollten sie mehr und mehr davor bewahren, sie mit diesem Abfall zu belästigen.* Praktizierter Umweltschutz beginnt hier: im Denken und im Tun.

Die Übung mit dem Hinhören ist etwas ganz Wunderbares. Es geht ganz leicht und ist kein bisschen anstrengend. Es geht nur darum, die Aufmerksamkeit in eine bestimmte Richtung zu lenken. Weil das eine sehr wichtige Grundhaltung ist, können Sie diese ab sofort auch in Gesprächen einnehmen. Es ist recht amüsant, wenn man sich dann noch weiterhin beobachtet. Beobachten Sie Ihr Verhalten. Wenn Ihnen jemand etwas erzählt, werden Sie merken, dass Sie das Gespräch meist automatisch auf sich selbst lenken werden. Ein kurzes Beispiel:

»Ich habe gestern einen Strafzettel bekommen, weil ich bei Rot über die Ampel gefahren bin.«
»Stell dir vor, das ist mir letzthin auch passiert und … blablabla …«

»Jobmäßig läuft es bei mir im Moment sehr gut. Aber die Buchhaltung wird immer umfangreicher und die mache ich gar nicht gerne.«
»Jetzt, wo du Buchhaltung sagst: Als ich das letzte Mal meine Buchhaltung gemacht habe … blablabla …«

»Meiner Mutter geht es im Moment gesundheitlich nicht so gut.«
»Meinem Vater geht es jetzt besser … blablabla … Ich aber habe im Moment solche Rückenschmerzen … blablabla …«

Wenn Sie sich selbst einmal beim Reden zusehen, werden Sie bemerken, dass es fast eine Gewohnheit ist, den Gesprächsverlauf umzudrehen und an sich zu reißen. Jeder redet drauflos und keiner ist am anderen interessiert. Jeder Mensch ist in seinem Ego so verhaftet, dass er glaubt, es sei das Wichtigste, wie es ihm geht, was ihm passiert ist etc. Beim Erzählen verliert man sich ja in der Einbildung, dass es den anderen genauso berühren müsste. Das tut es aber meistens nicht. Der andere kann das Erzählte ja niemals so nachempfinden, er war ja nicht dabei. Wenn jemand etwas hört und selbst nicht erlebt hat, kann er die emotionalen und überschwänglichen Ausbrüche ja gar nicht nachvollziehen. Ich fand es immer wieder lustig, wenn jemand einen Film gesehen hat, der ihn sehr berührte. Nun versucht er, dem anderen den Film ohne Ton, ohne Schauspieler und frei von fühlbaren Emotionen in vier Minuten zu schildern, wobei er während der Erzählung in seiner ganzen Freude aufgeht, als würde er alles noch einmal erleben. Der Erzähler kann gar nicht nachempfinden, warum Sie als Zuhörer nicht genauso freudvoll reagieren. Doch fast alle Gespräche laufen ähnlich ab. Nachdem nun jeder gesagt hat, was ihm wichtig ist und was er loswerden wollte, ist das Gespräch beendet.

Nun stelle ich Ihnen wieder eine Frage. Wann haben Sie das letzte Mal jemanden angerufen, weil Sie wissen wollten, wie es ihm geht, und ihm zuhören oder einfach nur für ihn da sein wollten? Ich weiß, diese Frage ist etwas unangenehm. Ist es aber nicht so, dass wir andere Menschen sehr oft nur aus dem einen Grund kontaktieren, um etwas mitzuteilen? Um unser Ego zu stärken? Um zu hören, wie gut wir etwas gemacht haben? Um bestätigt zu bekommen, wie toll wir sind? Um noch einmal zu hören, welch wunderbare Dinge uns widerfahren sind? Aus Langeweile? Fragen Sie sich einmal, aus welchen Gründen Sie andere Menschen kontaktieren. Sie werden das nächste Mal auf den anderen nicht mehr missmutig reagieren, wenn er wieder einmal nur von sich selbst erzählt.

Versuchen Sie, beim nächsten Gespräch beim Thema zu bleiben oder besser gesagt: Bleiben Sie im Jetzt. Kramen Sie nicht in Ihrer Vergangenheit und zwingen Sie anderen nicht Schilderungen ihres Lebens auf. Sehen Sie einfach mal hin, was passiert, wenn Sie nur dann etwas von sich erzählen, wenn Sie auch danach gefragt werden. Sie werden sich wundern. Als ich das erste Mal gezielt darauf geachtet habe, musste ich feststellen, dass es nur wenige Fragen waren. Ich habe lange darauf warten müssen, dass mir jemand eine Frage mit wahrem Interesse gestellt hatte. Aber das ist nicht weiter schlimm. Der Mensch meint es ja nicht böse. Auch ist es nicht seine Absicht. Es ist die starke Präsenz des Egos, die dies so lenkt. Es sucht ständig nach Aufmerksamkeit, will sich behaupten und gerne im Mittelpunkt stehen. Das ist die Krankheit des Egos, es will ständig etwas. Deshalb sollte es auch bei Ihnen an erster Stelle stehen, im Spiel dieses Lebens das Spiel des Egos zu durchschauen, anstatt es ständig mit Nahrung zu versorgen. Jede Bauchpinselei stärkt das Ego. Wer kennt sie nicht, die Situationen, in denen das Ego erstrahlt und glänzt, weil es wieder einmal meint, etwas Einzigartiges zustande gebracht zu haben?

In Wirklichkeit kann das Ego nicht viel mehr, als im Weg zu stehen, denn was auch immer wir leisten, es ist nur etwas, das das Werkzeug Mensch ausgeführt hat. Auch wenn wir es geplant und getan haben, es ist das Selbst, das Bewusstsein, das es überhaupt erst ermöglicht, dass wir etwas tun können. Wir sollten uns deshalb am besten selbst nicht so wichtig nehmen und den Ergebnissen – von dem, was wir getan oder auch nicht getan haben – nicht so viel Wert beimessen. Das Ego beschäftigt sich am liebsten mit sich selbst und hört sich gerne sprechen. Wenn wir uns aber nicht im Detail verlieren und alles bis in die kleinste Kleinigkeit ausschmücken, dann werden Gespräche auch klarer verlaufen und sich nicht im Uferlosen verlieren. Der Austausch wird präziser und intensiver.

Viele Menschen wundern sich, dass Sie keine Zeit für sich haben, und schaffen es aber tagtäglich, sogar über Stunden hinweg zu telefonieren. Wie gerne verliert man sich in diesen Erzählungen, die sich immer nur in der Vergangenheit und in der Zukunft abspielen, geziert von Selbstmitleid oder Selbstbeweihräucherung. »Was soll man denn sprechen, wenn man immer nur im Jetzt sein soll? Gibt es dann überhaupt noch etwas zu sagen?« Wieder eine sehr gute Frage. Wie wäre es denn, einfach mal zu schweigen?

Nichts spricht dagegen, eine Unterhaltung zu führen, doch was dabei wichtig ist, »wo« und »wer« wir in diesem Moment sind. Es geht darum, stets hier und wirklich anwesend zu sein, anstatt sich ständig in diesen Endlos-Gesprächen zu verlieren.

Doch zurück zur Meditation. Bevor wir das ganze Leben in allen seinen Erscheinungsformen als Meditation erfahren können, sollten wir die innere Versenkung punktuell, gezielt und wohldosiert anwenden. Das geschieht folgendermaßen: Wir setzen uns hin und halten inne. Natürlich kann das überall sein, doch anfangs empfiehlt es sich, einen Raum auszuwählen, der nicht allzu hell ist und wo Sie nicht mit Störungen rechnen müssen (Telefon, Haustiere, Mitbewohner, Straßenlärm etc.). Die Sitzgelegenheit sollte bequem sein. Ahmen Sie keine Stellung nach, sondern finden Sie Ihre eigene, die Ihnen am meisten zusagt.

In Asien wird die Meditation meist im Lotussitz ausgeführt, in Europa wählt man oft eine leichtere Haltung oder man meditiert auch im Sessel. Dagegen gibt es nichts einzuwenden. Die Sitzhaltung darf niemals anstrengend sein. Die Körperhaltung ist so natürlich und einfach, dass man sie schnell vergisst, ohne sie immer im Auge behalten zu müssen. Sich in äußeren Dingen ständig zu korrigieren lenkt nur ab. Auch wenn die Umstände einen gewissen Einfluss auf uns haben, sollte das Hauptaugenmerk auf nichts Spezielles (Vorstellung, Gedanken, Empfindungen etc.) gerichtet werden, um sich zu »entleeren«.

Es ist normal, dass der Verstand in der Ruhephase aktiver wird. Lassen Sie es einfach zu und beobachten Sie die Gedanken. Das heißt nicht, etwas zu »sehen«, sondern ihnen keine Aufmerksamkeit zu schenken. Sie stellen lediglich fest, dass sie kommen und gehen. Wenn Sie sich dafür entschließen, auf diese Art und Weise in sich zu gehen, dann ist es sinnvoll, wenn Sie täglich immer die gleiche Zeit dafür festlegen. Machen Sie es zu einem liebevollen Ritual, um Kraft zu tanken, um sich zu fühlen – ganz ohne Erwartungen und frei von Zielen. Wenn Sie immer denselben Platz wählen, werden Sie merken, dass Ihnen das Abschalten an einem anderen Ort schwerer fallen wird, falls Sie den Ort einmal ändern. Natürlich wird ein und derselbe Ort, den Sie immer wieder nutzen, zu Ihrem Kraftplatz werden. Sie werden auch einen Bezug dazu entwickeln. Dieser Platz wird auch mit Energie angereichert und Sie werden sich dort immer am wohlsten fühlen.

Wunderbar ist es, die Meditation bei Sonnenaufgang zu praktizieren, um den Tag zu begrüßen, oder bei Sonnenuntergang den Tag damit ausklingen zu lassen. Die Kraft und Einfachheit der Natur verleiht dem Innehalten einen besonderen Glanz und unterstützt Sie in Ihrem Tun, Nicht-Tun und Sein-Lassen. Machen Sie sich die Natur zu Ihrem Verbündeten, es gibt keinen besseren. Ob Sie die Meditation mit dem Mantra OM einstimmen, sich von Musik hinwegtragen lassen oder sich für eine andere Variante entscheiden. Vertrauen Sie auf Ihr Gefühl. Sie können nichts falsch machen, Sie können nur etwas als falsch empfinden. Alles kommt von innen und ist in sich gut, außer man bewertet es nach seinem persönlichen Empfinden.

Vertrauen haben

Es ist hilfreich, Informationen zu sammeln, Übungen auszuführen und Praktiken auszuüben. Auch wenn uns das von unserem Innersten entfernt, weil wir uns ja der Übung zuwenden, sind es doch notwendige Schritte, um uns dem höchsten Selbst langsam anzunähern.

Es klingt suspekt: Wir wenden uns laut des universellen Plans von etwas ab, damit wir es erkennen können. Wir wenden uns also notwendigerweise von dem ab, was es zu erkennen gilt. So ist es auch mit dem Leben. In unserem Kern sind wir göttliches Bewusstsein. Dieser Kern hat eine materielle Form angenommen, um sich selbst zu erfahren. Dazu brauchen wir Sinne und unser Werkzeug Körper.

Das Menschsein ist etwas Wunderbares. Der Mensch ist auserwählt, denn er hat die Möglichkeit, mit all seinen irdischen Hilfsmitteln in sich Gott zu erfahren. Also ist es auch hier so: Man geht von sich weg, erfährt sich als das, was man immer war, obwohl man kurzfristig meinte, etwas anderes zu sein. Dann kehrt man »dorthin« zurück, obwohl man eigentlich nie weg war. Man war immer hier, und doch scheint es schwer, sich daran wieder »erinnern« zu können.

Das klingt ganz schön kompliziert. Ist es aber nicht.

Wenn Menschen in Schwierigkeiten sind, dann suchen sie meist den Rat von anderen oder vertrauen sich jemanden an. Es heißt nicht umsonst: Geteiltes Leid ist halbes Leid. Auch wenn es Leid in diesem Ausmaß, wie wir es glauben, gar nicht gibt, lässt es sich nicht absprechen, dass wir es nun einmal so empfinden. Illusion hin oder her – es fühlt sich verdammt echt an. Aber auch der Weg, sich anderen anzuvertrauen, führt uns im Prinzip nur von uns weg, auch wenn es uns guttut und es Balsam für die Seele ist, sich aufgefangen zu wissen. Vertrauen ist ein Wort, das wir falsch verstehen.

Vertrauen heißt, sich selbst zu vertrauen, sich seinem Selbst zuzuwenden. Schon hier entstehen die ersten Missverständnisse, denn wenn ich sage »Haben Sie doch Vertrauen in sich selbst«, dann verbinden Sie das automatisch mit Ihrer Person. Sie fühlen sich persönlich betroffen und münzen diesen Satz auf das, was Sie »sich« nennen, obwohl es das gar nicht ist.

Sie sind ein Selbst, das einen Körper nutzt.

Sie sind Bewusstsein, das Gefühle hat.

Sie sind Licht, das Gedanken hat.

Sie sind weder der Körper, noch sind Sie die Gedanken oder die Gefühle, mit denen Sie sich identifizieren.

Sie sind das eine göttliche Selbst.

Es kann ja nur verwirren, solange ich immer alles persönlich nehme, wenn ich diese Person gar nicht bin. Deshalb ist es das Wichtigste, herauszufinden, »was« und »wer« ich bin. Es ist das Grundsätzliche im Leben, das erforscht werden soll. Wir sollten also nicht unseren menschlichen Handlungen vertrauen, sondern unserem Selbst, das man auch Gott oder Bewusstsein nennen könnte. Wir aber vertrauen dem Partner oder dem Arzt. Dieses Vertrauen führt oft in eine Abhängigkeit, die uns vergessen lässt, dass wir ja alles selbst in uns tragen.

Natürlich klingt es für manch einen anmaßend, sich mit Gott zu »vergleichen«, doch wenn wir feststellen, dass Gott in uns ist, dann hat das mit der Person nichts zu tun. Das Licht der Seele ist göttlich, der Mensch aber nur eine Spiegelung davon. Sogar an einem Satz wie »Ich bin Gott« müsste man sich nicht stoßen, da das wahre Ich ja göttlich und körperlos ist und wiederum nichts mit einer menschlichen Hülle zu tun hat. Solange man sich aber einbildet, ein Ich zu sein, wird es immer wieder Irrtum und Missverständnisse geben. Wenn der Mensch sein wahres Ich entdeckt und endlich seine wahre Identität durchschaut hat, dann lösen sich diese Missverständnisse ganz von selbst auf. Alles was wir für ein wunderbares Leben brauchen, schlummert in uns. Wenn wir ständig jemandem vertrauen, dann liegt unser wahres Selbst-Vertrauen lahm. Was macht das für einen Sinn, wenn eine Illusion der anderen Illusion Vertrauen schenkt? Und wenn wir ständig allen anderen Vertrauen schenken, wie sollten wir es dann in uns erkennen? Wenn wir schon den anderen vertrauen, dann wird das Selbst-Vertrauen in uns weiterschlafen.

Irgendwann kommt jeder Mensch an den Punkt und vertraut die Führung seines Lebens, seinen scheinbaren Kummer und alles, was ihn bewegt, Gott an. Vielleicht nennt es der eine oder der andere nur anders, doch ob wir es nun Bewusstsein, Licht oder Energie nennen, spielt wohl keine Rolle. Gott ist doch ein ganz charmanter Begriff, der aber meist unverstanden bleibt. Nun, verstehen kann man Gott nicht, aber fühlen. Wer sich in Gott einfühlt, der wird bei sich selbst ankommen. Doch Gott ist ja meist nur eine Vorstellung oder ein Wort.

Wer die göttliche Kraft in sich noch nicht entdeckt hat, für den wird Gott weiterhin ein Wort bleiben, über das man so seine Meinung hat. Auch Erfahrungen und Erlebnisse in der Kindheit prägen. Wie war die Erziehung in Bezug auf Religion? Was hat uns geprägt? Welche Vorstellung wurde uns eingetrichtert und welche davon haben wir übernommen?

Man könnte meinen, jeder Mensch sei ein eigenständig denkendes Wesen, doch unsere Prägungen und vergangene Erlebnisse haben uns dazu gebracht, das Gedankengut anderer zu übernehmen, ohne es irgendwann überprüft zu haben. Man bleibt in derselben Meinung wie der des Pfarrers stecken, der im Religionsunterricht dies oder das gesagt hat. Vielleicht hat man auch unbewusst die Einstellung der Eltern übernommen, oder man macht sich gar keine Gedanken dazu und spricht einfach etwas nach, was man irgendwo einmal gehört oder gelesen hat. Machen wir doch ein kleines Experiment. Beantworten Sie die folgenden Fragen spontan und ehrlich, um festzuhalten, welchen Bezug Sie zu Ihrer höchsten Quelle haben:

Was bedeutet Gott für Sie?

_____

_____

_____

Was verbinden Sie mit Gott?

_____

_____

_____

Was verbinden Sie nicht mit Gott?

_____

_____

_____

Welche Ihrer Erfahrungen würden Sie als Gotteserfahrung bezeichnen?

_____

_____

_____

Wie stellt sich Gott für Sie dar?

_____

_____

_____

Vertrauen Sie auf Gott?

Fast jeder Mensch weiß, dass die Vorstellung von Gott und seinem Willen sehr wenig mit Gott selbst zu tun hat. Doch wer macht sich schon Gedanken darüber? Das Wort Gott wird ja meist unweigerlich mit der Kirche in Verbindung gebracht, obwohl es hier gar nicht um einen Glauben, sondern um die unerschöpfliche Energiequelle geht, die sich hinter allem verbirgt. Viele Menschen haben aber auch Angst, ihr Leben in die Hände Gottes zu legen, nicht nur weil sie nicht so genau wissen, was das ist, sondern weil sie dabei die Kontrolle abgeben würden. Dies, und sich in die Opferrolle zu begeben, hat mit Gottvertrauen aber nichts zu tun. Hinzu kommt, dass viele Gott für all »das Elend« auf der Welt die Schuld geben und sich fragen, warum er denn die Welt nicht »besser« oder »anders« gestaltet. Das, was wir als Elend bezeichnen, ist ja nicht wirklich vorhanden, sondern nur eine »Spiegelung« der Wahrheit. Wie soll man daran etwas ändern? Man kann eine Spiegelung ja nicht einfach anders gestalten. Also müssen wir uns erst als Gott erkennen und zu dieser Quelle zurückfinden, damit sich das Spiegelbild ändern kann.

Gott hat keine Schuld, wenn wir uns einbilden, dieser menschliche Körper zu sein, und vergessen haben, was wir wirklich sind. Diese Vergessenheit ist ja ein automatischer Prozess, der sein muss. Wie sonst sollten wir uns als das erfahren, was wir in Wirklichkeit sind, außer mit einem menschlichen Körper, der die Sinne dazu nutzen kann, um sich selbst zu erforschen? *Es ist nur so, dass wir die Sinne für etwas anderes nutzen und unser eigentliches Ziel aus den Augen verloren haben.* Dies sollten wir aber wieder zu unserem Ziel machen, nach Gott in uns Ausschau zu halten.

Wenn wir also auf die göttliche Kraft vertrauen, dann gehen wir in die Gewissheit, dass es da etwas gibt, was allmächtig ist und auf unser Leben mehr Einfluss nehmen kann, als es unser Körper imstande ist. Sich dem Allumfassenden hinzugeben bedeutet also nicht, sich ihm auszuliefern. Vielmehr ist es ein Miteinander. Wir gehen unseren Weg nicht mehr allein, sondern haben einen Verbündeten an der Seite. Es gibt Kraft und Stärke zu wissen, den Weg nicht allein zu gehen, gerade in Zeiten, in denen man zweifelt oder hadert. Es ist ein großer Schritt, den Weg bewusst mit Gott zu beschreiten, doch wenn wir genauer hinsehen, ist es doch eigenartig, dass der Mensch glaubt, er könnte nur irgendetwas für sich »allein« bewerkstelligen. Gott geht immer mit uns, ob wir uns dessen nun bewusst sind, oder keinen blassen Schimmer davon haben. Wir können nicht allein gehen, da das, was wir unter diesem »alleine« verstehen, nur die Verkleidung Gottes ist.

Stellen Sie sich vor, Sie sind zu einer Geburtstagsfeier eingeladen. Anstatt hinzugehen, schicken Sie nur Ihr Kleid oder Ihren Anzug voraus. Wie soll das gehen? Es würden ja lauter Kleidungsstücke um den festlich gedeckten Tisch sitzen. Was wäre das für ein Anblick und welch schweigende Gesellschaft würde das sein! Natürlich geht das nicht. Auch in der Reinigung hängen nicht Sie und Ihre Bekannten am Haken und fahren auf Knopfdruck Karussell. Es sind nur Ihre Kleider. Genauso können Sie sich das vorstellen, wie es im Leben ist. Die Kleider Gottes spazieren in der Welt umher, doch Er selbst wacht über allem, ohne in irgendjemandem zu sein. Und doch ist Er das unsichtbare Kernstück aller Wesen und die eine ewige Präsenz. Es geht also nicht darum, sein Leben aufzugeben und sich jemandem unterzuordnen. Es geht darum, endlich hinzusehen und zu erkennen, dass Gott und mein persönliches Ich diesen Weg gemeinsam gehen, bis ich eines Tages den Täuschungen von Körpern, Gedanken, Gefühlen, dem Ego und vielem mehr nicht weiter erliege. Das Wort Ich ist wirklich ein Handicap, denn es wird fälschlicherweise für die Verkleidung verwendet, obwohl das höchste Selbst das einzige wahre Ich ist. Deswegen ist es so, als würde man sich mit jedem Ich (das man ausspricht und seine Person damit meint) noch mehr in der Einbildung der Persönlichkeit verlieren. Lassen wir dieses falsche Ich los und öffnen wir uns dem Selbst, das wir in Wirklichkeit sind. Wir wissen das bereits, doch wann beginnen wir unsere versteckten Kräfte zu nutzen, um zu uns selbst zu erwachen?

Das Unterbewusstsein für sich nutzen

Über das Unterbewusstsein hat man viel gelesen, bereits vor Jahrzehnten wurde sehr viel darüber geschrieben. Dieses Thema hat bis heute nichts an Aktualität eingebüßt. Weil das Unterbewusstsein ein wunderbarer Freund und Helfer sein kann, möchte ich ihm gerne dieses Kapitel widmen. Für das Unterbewusstsein braucht es keinen wissenschaftlichen Beweis, denn alles, was sich hinter den Illusionen der Welt verbirgt, kann sowieso nicht belegt werden. Man kann es mit Instrumenten nicht erforschen, mit den Augen nicht sehen und mit den Ohren nicht hören. Wer Beweise sucht, der kann lange suchen und sein ganzes Leben damit vergeuden. Wir können aber auch innehalten und uns einfach einer Wahrnehmung öffnen, die uns das Gesuchte im Herzen offenbart. Das Unterbewusstsein ist die Summe aller Einstellungen, Erinnerungen, Vorstellungen und Vorgänge, die in uns vorhanden sind, aber momentan nicht tätig sind. Alles, was im Augenblick tätig ist, ist uns bewusst. Alle Elemente, die im Moment nicht aktiv geschehen, spielen eine große Rolle, denn sie beeinflussen ständig unser Denken und Tun.

Wer meine Bücher kennt, erinnert sich vielleicht an das Beispiel mit dem Autofahren, welches ich auch in diesem Buch bereits erwähnte. Faszinierend ist, dass man sagen könnte, das Unterbewusstsein fährt Auto, weil man das absolut unbewusst macht. Wahrscheinlich ist es Ihnen auch schon einmal passiert, dass »Ihr Unterbewusstsein« mit Ihnen irgendwo hingefahren ist, wo Sie gar nicht hinwollten. Wenn Sie eine Strecke gewohnt sind, sie täglich fahren und aus irgendeinem Grund einmal anders fahren sollten, dann kann es schnell passieren, dass Sie abbiegen, obwohl Sie das gar nicht wollten. Dies ist ein Beweis dafür, dass das Unterbewusstsein ganz von selbst reagiert, wenn es Programme übernommen hat. Das wollen wir für unser Leben nutzen. Es gibt genügend Verhaltensformen, die einfach so ablaufen, weil wir sie uns eingeprägt haben. Durch ständiges Wiederholen sind sie zur Gewohnheit geworden und laufen ohne Anstrengung und ohne Zutun ganz von selbst ab.

Das Unterbewusstsein scheint seinen inneren Programmen beharrlich zu folgen. Das ist eigentlich eine sehr sinnvolle Eigenschaft, denn dadurch brauchen wir nicht bei jedem Schritt unser Verhalten neu zu bestimmen. Wir können die automatische Wiederholung unseres Verhaltens getrost dem Unterbewusstsein überlassen, soweit wir mit diesem Verhalten auch einverstanden sind. Es gibt ja gewisse Verhaltensformen, die doch schon etwas überaltert sind oder so gar nicht mehr zu uns passen. Das Unterbewusstsein wird die geprägten Verhaltensformen aber so lange getreulich wiederholen, bis es ein neues Programm erhält. Dieses können wir neu »eingeben« und dadurch Einfluss auf das Verhalten nehmen. Das Unterbewusstsein erhält ein neues Programm durch Wiederholungen, dabei wird das bisherige und unerwünschte Verhalten automatisch gelöscht. Das neue Programm wird durch stetige Wiederholung fixiert.

Wenn wir unser Verhalten ändern möchten, das bisherige Programm aber bestehen lassen, dann müssen wir ständig gegen unser Unterbewusstsein ankämpfen. Das kann ganz schön anstrengend sein und wir vergeuden damit auch kostbare Energie. Stärker zu sein als das Unterbewusstsein ist gar nicht möglich, weil es nicht nur unermüdlich ist, sondern auch unerschütterlich an seiner Linie festhält. Was man ihm vorgibt, wird es auch ausführen. Wenn wir nichts vorgeben, dann dürfen wir uns auch nicht über seine Hartnäckigkeit wundern. Wenn Sie Salz ins Wasser geben, dann wird es nicht sauer schmecken. Also nehmen wir Essig und schon wird das Wasser den Geschmack übernehmen.

Das Unterbewusstsein ist aber nicht unser Gegner. Wenn wir es zu unserem Verbündeten machen, dann werden wir sehr viel erreichen können. Das Unterbewusstsein ist jederzeit bereit, ein gewünschtes Programm zu übernehmen, wenn wir es neu eingeben und durch stetige Wiederholung verankern. So wird das bisherige Programm unwirksam gemacht. Unser Unterbewusstsein wird das neue Programm unseres Verhaltens genauso zuverlässig in Erscheinung treten lassen, wie es das mit dem bisherigen Programm gehandhabt hat. Das Unterbewusstsein wägt nicht ab und unterscheidet auch nicht. Weil es ein Programm nicht beurteilt oder bewertet, folgt es den Vorgaben automatisch.

Der Glaube und die innere Überzeugung spielen hier eine wesentliche Rolle. Wenn Sie wirklich davon überzeugt sind, dann ist das schon die halbe Miete. Wenn Sie keine Zweifel haben, dann wird ein automatischer Fluss stattfinden und es wird genauso funktionieren, wie Sie sich es vorgestellt haben. Sobald aber Zweifel auftauchen oder sich Befürchtungen einschleichen, wird das automatisch eine Auswirkung auf das Ergebnis haben. Warum ist das so?

Ihr Unterbewusstsein wird durch Ihren Glauben überzeugt. Wenn Sie ein neues Verhalten wiederholt anwenden, nicht davon überzeugt sind oder nicht an die Wirksamkeit glauben, wird Ihr Unterbewusstsein bei dem bisherigen Programm bleiben. Dies wird so lange der Fall sein, bis Sie Ihre Überzeugung ändern. Das Unterbewusstsein können Sie nicht austricksen. Sie können ihm auch nichts vormachen. Sie können nicht so tun »als ob« und dabei etwas ganz anderes empfinden. *Ihr Unterbewusstsein richtet sich nach Ihrem Gefühl aus. Wenn das nicht mit der Handlung übereinstimmt, dann wird das Ergebnis auch dementsprechend sein.* Es heißt nicht umsonst, dass Gedanken, Gefühle und Worte eine enorme schöpferische Kraft in sich tragen.

Wenn Sie jemanden anschreien, dann »kochen« Sie in der Regel innerlich, das bedeutet: Wort, Gefühl und Tat stimmen überein. Wenn Sie zum Beispiel jemandem sagen, wie gern Sie ihn haben, Sie das aber gar nicht empfinden, dann kann es Ihnen schon passieren, dass der andere Ihnen das einfach nicht glaubt. Er spürt, dass Ihre Worte und Ihre Gefühle nicht übereinstimmen. Wenn Sie zu Ihrem Bekannten sagen, dass alles in Ordnung ist, sich aber so gekränkt oder verletzt fühlen, dass Sie innerlich komplett aufgelöst sind, dann wird er Ihnen das auch nicht abnehmen. Kein Wunder, wenn Sie sagen, dass alles okay ist und mit verkrampftem Gesicht und gesenktem Kopf die Mundwinkel hängen lassen.

Wenn ein Schauspieler den Bösewicht spielt, dann müsste er seine Bösartigkeit ja auch im Leben zu spüren bekommen. Dies ist nicht der Fall, da er das nicht so meint, wie er es sagt. Er kann seine Rolle noch so gut spielen und sich damit identifizieren, er setzt durch seine »Rolle« keine Ursachen, die sich auf sein Leben auswirken könnten. Es ist ganz wichtig zu wissen, dass alle Ebenen übereinstimmen müssen, damit es auch identisch ist.

Wenn Sie Ihr Unterbewusstsein also auf Ihrer Seite haben wollen, dann müssen Sie es nicht bestechen und auch nicht überzeugen, aber Ihre absolute Überzeugung ist Voraussetzung. Sie muss alle Ebenen einnehmen und mit Ihnen übereinstimmen. Sie können nicht eben mal ein wenig wollen oder ein bisschen überzeugt sein, denn das reicht nicht aus. Sie kennen den Spruch »Das ist so sicher wie das Amen im Gebet.« Genau so sollte es sein. Sattelfest und sicher. Ganz und gar. Vollkommen! Ist dies der Fall, dann wird das Unterbewusstsein zu Ihrem besten Freund und Helfer. Es verwirklicht getreulich, was auch immer Sie sich wünschen, weil Sie ihm durch ausreichende Wiederholungen und Ihre feste Überzeugung das Verhalten als erwünscht mitteilen. Nun können Sie sich mit seiner zuverlässigen Hilfe daran machen, *alle* Aspekte Ihres Lebens zu überprüfen, in der erwünschten Weise zu verändern und diese Veränderung gleich als neues Programm zu installieren. Sie erfinden sich gewissermaßen ständig neu und ohne besondere Mühe wird Ihr Verhalten dem neuesten Stand Ihrer Erkenntnis und Ihrer Wünsche folgen.

Ihr Denken hat einen entscheidenden Einfluss auf Ihr Leben und auf die Gestaltung Ihres Schicksals, das wissen Sie bereits. Warum also nicht gleich Ihr Unterbewusstsein dazu nutzen, um Ihr Denken zu optimieren? Wenn Sie ständig Ihr Denken optimieren und es durch ständige Wiederholung als Programm in Ihrem Unterbewusstsein installieren, dann wird nicht nur Ihre Ausstrahlung etwas ganz Besonderes sein. Ihr ganzes Umfeld (Begegnungen, Situationen etc.) wird sich anders zeigen. Ihr Außen folgt der Ursache des Denkens. Das Außen passt sich Ihrem neuen Denken an. Ihr Außen ergibt sich durch Ihr neues Sosein und erstrahlt in neuem Glanz. Diese wundersame Wirkung ist kein Wunder, sondern eine Wirkung, die seine Ursache spiegelt. Ihre Ausstrahlung, die ich »energetische Signatur« nenne, verändert sich und damit auch das, was Sie nach dem Gesetz der Resonanz in Ihr Leben ziehen und als Realität, als Ihr Schicksal, erleben werden. Mit Ihrem treuen Freund dem Unterbewusstsein an Ihrer Seite, bestimmen Sie alle Lebensumstände ganz bewusst. Sie können sie jederzeit wieder verändern, wenn Sie es gerne anders haben möchten. Es ist auch kein Widerspruch dazu, wenn ich sage, *die Dinge sind so, wie sie sind, und man kann sie auch geschehen lassen.* Sie greifen ja nicht ein und Sie manipulieren nicht, Sie nutzen nur Ihr schöpferisches Potenzial. So Gott will, wird es so sein, wie es sein soll. Sie können also nichts falsch machen, denn alleine Ihr Bewusstsein entscheidet, ob sie es tun oder auch nicht tun werden.

Man kann sich also die Überlegung sparen, was man machen kann und was nicht. Wenn Gott Sie etwas tun lässt, wird es immer »richtig« sein – für Sie stimmig, passend, optimal sein; selbst wenn es nur eine Erfahrung ist, die man macht, wie es denn nicht sein soll: Vertrauen Sie auf den Weg. Wer sich also fragt, ist es überhaupt »gut«, das zu tun, oder ist es »besser«, es anders zu machen, geht davon aus, dass er allein es bewerkstelligen wird. Hier sollte man die Frage durchleuchten, ohne nach einer Antwort zu suchen. Denken Sie daran: Ihr Selbst geht immer mit und Ihr Selbst entscheidet, was Sie wann tun werden. Deshalb können Sie das, was Sie tun, voller Hingabe tun, denn es kann nur das »Richtige« sein. Wenn es dann als falsch empfunden wird oder sich im Nachhinein herausstellt, dass es zu etwas geführt hat, was Sie gar nicht wollten, dann war es eine Erfahrung, die für Sie bestimmt war. Erst Sie haben die Erfahrung als »negativ« bewertet und ihr Ihre Zuordnungen verpasst. Die Erfahrung selbst ist immer neutral, solange man Sie nicht einordnet.

Es geht nicht darum, was man will oder was man nicht will, es geht darum, sich dem zu ergeben, was sich ergibt, denn das kann immer nur der höchste Wille sein. Deshalb ist es auch ganz amüsant zu beobachten, was Menschen über Übungen sagen. Natürlich wären Sie nicht notwendig, denn es gibt nichts, was man tun muss. Doch wenn Sie an eine Übung herangeführt werden und diese auch durchführen, dann ist sie für Sie im Moment genau passend. Für Ihren Nachbarn kann sie komplett unpassend sein und überhaupt nicht stimmen.

Es gibt keine guten und schlechten Übungen oder

Praktiken, denn Sie finden nicht die passende Übung für sich, sondern die Übung findet zu Ihnen. Deswegen können Sie einem Menschen Ihre Übung, die Ihnen so viel bedeutet, noch so detailliert weitergeben – er wird sie nicht ausüben, weil Sie sie ihm beschrieben haben –, er wird sie ausüben, weil es denn so sein soll und es sein Weg ist, diese Übung zu machen. Was auch immer dann passiert, ist zweitrangig. Wenn es aber nicht sein Weg ist, dann wird er sie vergessen. Vielleicht wird er auch sagen, dass sie komplett wertlos ist. Das mag für ihn zutreffen, doch sie ist weder wertlos, noch ist sie gut. *Eine Praktik ist immer neutral. Erst der Ausübende macht sie zu dem, was sie nicht ist.* Nie kann eine Beschreibung oder Meinung, die ja auf einer persönlichen Empfindung basiert, die Sache selbst sein. Es gibt so viele wertvolle Hilfestellungen. Einige Menschen führen Sie regelmäßig aus, und viele sagen: »Ach, jetzt habe ich das schon wieder vergessen.« oder »Ich weiß es ja, es kommt mir nur nie in den Sinn.« Wenn Ihnen etwas nicht in den Sinn kommt, dann hat das einen Grund. Denken Sie einmal darüber nach und schauen Sie etwas genauer hin. Oder noch besser: »Meditieren« Sie darüber, was uns das sagen will.

Hinsehen und erkennen

Um das Spiel des Lebens zu meistern, ist es sinnvoll, seine
»Hausaufgaben« zu machen. Bevor wir ihnen allerdings
nachgehen können, müssen wir sie auch erkennen. Das
Leben stellt uns täglich vor vielfältige Aufgaben. Wenn wir
uns diesen Aufgaben stellen und versuchen, es jeden Tag
ein bisschen besser zu machen, dann ist der wichtigste
Schritt schon getan. Jede Aufgabe enthält die Chance,
mich ihr noch mehr zu widmen und sie noch genauer
anzusehen. Das genaue Hinsehen dient nur dazu, dass wir
uns eines Tages selbst darin entdecken. Alles, was geschieht, will uns nur dienen. Es will uns auf etwas hinweisen und es will für uns da sein. Gefällt es uns nicht, werfen
wir es oft viel zu voreilig über Bord.

Stellen Sie sich vor, Sie finden im Wald eine alte Schatz-
truhe, die sehr verwahrlost und düster aussieht. Wäre es
nicht wenigstens einen Versuch wert nachzusehen, welche
Schätze sich in ihr verbergen könnten? Genauso ist es mit
dem Leben. Hinter allem steckt ein Schatz. Hinter jedem
Menschen, hinter jedem Tier, hinter allem, was uns umgibt, steckt der größte Schatz der Welt. Natürlich gelingt es
nicht immer sofort, es auch zu entdecken. Mit den Augen
kann man den Lichtschatz der Seele ja nicht sehen und
der Verstand wird ihn nicht finden. Aber mit unserem

Herzen werden wir ihn erkunden. *Unsere Seele wird sich darin widerspiegeln, wenn der Mensch dazu bereit ist, ihr das Zepter zu übergeben, damit sie sich über den Verstand stellen kann.* Um sich den Schatz etwas genauer anzusehen, braucht es Zeit, Geduld, Achtsamkeit und Tiefgang. Das geht nicht zwischen Tür und Angel und auch nicht auf die Schnelle. Es ist eine Lebensaufgabe, ein tägliches »Sich-neu-Ausrichten«, ein ständiges Sichzentrieren und eine immerwährende Offenheit, die uns den Schatz eines Tages erkennen lässt. Diese Eigenschaften müssen gepflegt werden und brauchen unsere ganze Geistesgegenwart. Der Schatz verlangt Aufrichtigkeit, Präsenz und ein freudiges Herz, damit er sich zeigen kann.

Wenn wir uns also wirklich bemühen, das Geheimnis der Welt zu entdecken, dann bemühen wir uns, in all den Verkleidungen Gott zu erkennen. Die Verkleidung kann ja nicht so herumspazieren oder aus sich selbst heraus atmen, wachsen und sein. Lohnt es sich nicht, der Sache wenigstens auf den Grund zu gehen? Wenn wir bereit sind, hinter die Oberfläche, die Spiegelbilder, die Erscheinungen der Welt zu sehen, kann die wahre Reise beginnen. Erst dann beginnt das Spiel des Lebens so richtig in Fahrt zu kommen, denn dann haben wir den Sinn des Spiels erkannt. Bevor wir ihn nicht kennen, sind wir auf dem Spielbrett zwar vorhanden, aber eher dekorativ. Wir stehen in der Gegend herum, mal so oder mal so, laufen von rechts nach links, tun mal mehr, mal weniger, und wissen dabei gar nicht, warum wir eigentlich hier sind. Wir kümmern uns eben um dies oder das, freuen uns über dieses oder ärgern uns über jenes, aber dem Glück laufen wir vergebens hinterher. Wir kommen zwar immer wieder an einen Punkt, an dem wir glauben, das Glück gefunden zu haben, doch kaum ist es hier, ist es auch schon wieder weg. Etwas verwirrt und ratlos schauen wir dann in die Welt hinein und sind zu Tode betrübt. Kann es denn wirklich Glück gewesen sein?

Diese Frage werden wir uns erst dann stellen, wenn wir dieses Spiel satthaben, wenn wir bemerken, dass es eine Berg-und-Tal-Fahrt ist, die unser Leben bestimmt. Wir erkennen, dass es zwar schön sein kann, aber im selben Moment dreht sich der Spieß um. Schon sitzen wir in einer Situation fest, die zum Davonlaufen ist. Es heißt nicht umsonst: Wenn die Schmerzgrenze erreicht ist, dann wendet sich der Mensch nach innen. Die Schmerzgrenze liegt aber bei jedem woanders. Man meint, das Fass müsste voll sein, aber es ist immer noch nicht am Überlaufen. Was der Mensch alles aushalten kann und vor allem was der Körper aushält, ist schon enorm. Das Überlebensprogramm funktioniert einwandfrei. Es ist bewundernswert, welchen Belastungen man standhalten kann.

Irgendwann, wenn das Fass dann wirklich voll ist, beginnt der Mensch sich zu sensitivieren. Das ist kein willentlicher Akt, sondern der Schmerz sensitiviert ihn und rückt ihn zurecht. Er schüttelt ihn wach und korrigiert ihn. Meistens geschieht das aber erst dann, wenn der Mensch unter sehr unerfreulichen Umständen lebt oder der Körper bereits in Mitleidenschaft gezogen wurde. Es ist sinnvoll, sich nach innen zu richten, *bevor* man krank ist, denn körperliche Einschränkungen behindern die Ausrichtung nur. Wer fit ist und sich bester Gesundheit

erfreut, tut sich viel leichter, sich dem Wesentlichen zuzuwenden. Dieses Innehalten und dieses »Sichöffnen«
geben enorme Kraft; wenn einem jedoch die Kraft fehlt,
weil sich der Körper angeschlagen fühlt, wo nimmt man
dann die Kraft her, um sich aufzurichten? Wenn ich in
mir einen Platz gefunden habe, in dem ich mir selbst,
meinem Selbst, nahe bin und mich angekommen fühle,
dann kann ich jede Situation überstehen. *Wir erinnern
uns, es ist ein gemeinsamer Weg, kein Alleingang. Dieses
Wissen ist pure Lebensenergie.* Dieser Rückzug, der mich
in diese Energie hineinmanövriert, wird mich durch alles
hindurchtragen.

Wenn ich diesen Kraftplatz aber noch nicht gefunden
habe und der Körper resigniert, dann ist es bedeutend
schwieriger, nach dem Selbst Ausschau zu halten. Deshalb
ist es ratsam, rechtzeitig einzukehren und der Seele die
notwendige Aufmerksamkeit zu geben. Wie Zähneput-
zen, Waschen und Schlafen hat die Seelen-Pflege ihren
Platz mehr als verdient. Sie ist es, die mir das alles ermöglicht und noch viel mehr. Wann also kümmere ich mich
denn um das Ursprüngliche? Auch Menschen, die sich
ihrer eigenen Meinung nach in einem Tief befinden, können mit etwas »Disziplin« natürlich auch alles erreichen,
aber wenn sie die vorher schon nicht hatten, wo sollten sie
sie dann nur hernehmen?

Gefällt uns also eine Erfahrung nicht so gut, oder sind
wir mit einer Situation nicht absolut einverstanden, dann
schauen wir einfach trotzdem hin. Wenn uns etwas nicht
gefällt oder nicht zusagt, ist das noch lange kein Grund,
mürrisch zu sein. Ganz im Gegenteil. Je mühsamer wir es

empfinden, desto genauer sollten wir es uns ansehen, und umso mehr sollten wir uns ihm zuwenden. Es ist in unser Leben getreten, um uns etwas zu sagen. Dies werden wir dann erkennen, wenn wir etwas genauer hinsehen. Das Leben bietet uns immer den »königlichen Weg der Erkenntnis«, weil in allem diese Chance liegt, den Grund zu erfahren.

Wenn wir diesen Weg aber nicht gehen, weil wir ihn vielleicht gar nicht erkennen oder nicht dazu bereit sind, dann kommen wir auf den Nebenweg, den »leidvollen Weg der Erfahrung«. Es sind immer alle Möglichkeiten gleichzeitig vorhanden, und es liegt an unserer Offenheit, sie auch wahrzunehmen. Sind wir zu sehr mit anderen Dingen beschäftigt, dann ist der Raum der Wahrnehmung besetzt. Dann sehen wir nicht über unsere begrenzte Sichtweise hinaus und bleiben in dieser engen Sicht stecken.

Die nachfolgenden Schritte zeigen Möglichkeiten auf, wie wir unsere Hausaufgaben machen können:

- *Erkenne die Aufgabe. Das ist der erste Schritt.*

Es gibt keine Aufgabe, keine Begegnung, keine Situation, keine Begebenheit, keine Schwierigkeit und keine Angelegenheit des Lebens, die nicht eine Chance in sich trägt. Es sind immer nur Geschenke, die uns dabei helfen und uns dabei unterstützen wollen, auf unserem Weg »vorwärtszukommen«. Sie fordern uns auf, achtsamer zu sein, und animieren uns dazu, auf dem

»königlichen Weg der Erkenntnis« zu bleiben. Immer wenn wir wieder auf den »leidvollen Weg der Erfahrung« abgebogen sind, vom Hauptweg abkommen und uns in dieser Sackgasse verirrt haben, kommen weitere Geschenke hinzu. Diese Geschenke wollen wir dann oft erst recht nicht haben, weil wir in ihnen nichts Gutes erkennen können. Am Ende der Sackgasse angelangt, begegnen wir wieder einer Erfahrung, dessen königlicher Inhalt nur allzu wahrscheinlich auch wieder unbeachtet bleiben wird. Deswegen sollten wir uns bewusst sein, dass jede Erkenntnis die erhabenere Form des Umgangs mit dem Augenblick ist, den wir vielleicht als Problem bezeichnen. Die direkten Erkenntnisse führen uns nahezu direkt zu unserem Selbst.

Alles, was geschieht, wie auch immer das aussehen mag, hilft uns zu erkennen. Es dient, um unsere Sichtweise zu schärfen. Es optimiert unsere Wahrnehmung. Es verfeinert unser menschliches Verhalten. Es ist »rundum« ein wahrer Schatz. Es ist eine Chance, einen Schritt im Bewusstsein zu machen und auf eine »höhere Ebene des Bewusstseins« zu gelangen.

- *Nimm die Aufgabe an. Das ist der Schritt, der folgt.*

Der nächste Schritt ist, die Aufgabe anzunehmen. Wenn wir die Aufgabe erkannt haben, erfordert das eine bewusste Entscheidung. Es ist die Entscheidung, es so anzunehmen, wie es ist. Es ist die Entscheidung, sich der Situation zu stellen und nicht wegzulaufen. Es ist die Entscheidung, das »Gute« darin zu sehen und nicht das scheinbar »Schlechte«. Wir werden dazu aufgefordert, so lange hinzusehen, bis wir das Geschenk darin erkennen. Damit zeigen wir dem Leben unsere Bereitschaft, den erforderlichen nächsten Schritt zu tun. Mit der Annahme entscheiden wir auch, welchen Weg wir wählen: entweder den »königlichen Weg der Erkenntnis« oder den »üblichen Weg der leidvollen Erfahrung«. Jedes Leid wird durch die Erkenntnis enden. Wenn wir uns als uns selbst erfahren und nicht mehr weiterhin in dieser Ich-Einbildung verhaftet bleiben, dann wird sich das ganz von selbst ergeben.

- *»Löse« die Aufgabe. Das ist der Schritt, der die Sache in Bewegung bringt.*

Der nächste Schritt ist, die Aufgabe zu »lösen«. Um eine Aufgabe zu »lösen«, müssen wir sie zuerst verstehen. Wir müssen erkennen, was uns diese Aufgabe sagen will, das heißt, die »Botschaft des Lebens« erkennen, verstehen und befolgen. Jede Aufgabe *enthält und ist* eine Botschaft. Das Wort »lösen« bedeutet, den *not*wendigen Schritt zu tun. Wenn wir etwas anders haben wollen, dann müssen wir es ändern. Dies bedeutet nicht, die Situation im Außen zu verändern, sondern unsere Sichtweise zu korrigieren und den wahren Kern der Sache zu erkennen. Es kann sich immer nur die innere Einstellung ändern, damit auch im Außen eine Veränderung oder Wandlung geschehen kann. Die Lösung kann auch darin bestehen, dass wir uns von etwas »lösen«; dafür ist jedoch die Erkenntnis erforderlich, dass es nicht mehr zu mir gehört. Einfach etwas zu beenden, weil wir es nicht mehr wollen, macht keinen Sinn. Es muss zuvor immer eine tief gehende Erkenntnis stattfinden, die uns mitteilt, was für uns stimmig ist, was zu uns gehört, wie es sein soll und wie es »richtig« ist. Eine Erkenntnis ist also immer nur ein Leitfaden, der uns die Richtung weist. Unser Selbst weiß immer, was gut für uns ist und wann unser niedriges Ich nur nach seinem persönlichen Geschmack urteilt. Nur das Selbst hat den gesamten Überblick, um eine optimale Entscheidung treffen zu können. Persönliche Entscheidungen sind meist sehr einseitig. Deshalb ist es immer sinnvoll, dem Selbst zu folgen, denn es führt uns verlässlich auf dem Hauptweg entlang, ohne ständig in Sackgassen zu landen. Auch wenn die Sackgassen notwendig sind, wäre manch einer nicht beleidigt, wenn ihm ein Ereignis, das er als Problem bezeichnet, erspart bleiben würde. Doch jede Sackgasse prägt uns, macht uns stärker und drängt uns wieder auf den Hauptweg zurück. Deswegen sollen wir nichts ablehnen und gegen nichts ankämpfen, sondern uns darüber freuen, welch wunderbare Werkzeuge wir mit auf den Weg bekommen haben.

Etwas loslassen, was nicht mehr zu uns gehört, ist eine wichtige Entscheidung. Auch wenn der Verstand Nein sagt, das Ego dagegen protestiert und Sie irgendwie daran festhalten wollen …

… hören Sie auf Ihre innere Stimme und vertrauen Sie. Alles wird gut.

- **»*Verankere*« die Gewohnheit. Das ist der Schritt der Fixierung.**

Der letzte Schritt ist, die »Lösung zur Gewohnheit« zu »verankern«. Wenn wir etwas als »richtig« erkannt haben, dann sollten wir dabei bleiben und es uns zur Gewohnheit machen. So müssen wir in einer solchen Situation nicht immer wieder neu entscheiden, sondern tun automatisch das »Richtige«. Wir gewöhnen uns also daran, die optimale Haltung, Wahrnehmung und Sichtweise beizubehalten und so lange zu wiederholen, bis das Unterbewusstsein diesen Weg als selbstverständlich zur Kenntnis genommen hat. Je öfter Sie sich dann so verhalten, desto mehr wird es zu Ihrer Gewohnheit. Stellen Sie sich vor, Sie fahren mit dem Auto zur Arbeit. Auf dem Weg dorthin sehen Sie in der Nähe der Straße ein paar Rehe in einer Wiese stehen. Es mag ein wunderbares Bild sein, sie beim Grasen zu beobachten, doch in Ihnen läuten sofort die Alarmglocken, dass es in der Nähe Wild gibt, das Ihnen eventuell vor das Auto laufen könnte. Wenn sich das ein paar Mal wiederholt, werden Sie automatisch vom Gaspedal gehen und vorsichtiger fahren, denn es könnte ja Wild die Fahrbahn überqueren.

Alle Verhaltensformen, die Sie mehrmals anwenden, prägen sich mit der Zeit ein. Deshalb sollten Sie sich diese Eigenschaft zunutzemachen. Es ist so einfach, braucht keinen Aufwand und geschieht nahezu von selbst, wenn Sie sich nur immer wieder daran halten. Es ist so unkompliziert und die Wirkung ist grandios. So kommen Sie immer mehr in die »Leichtigkeit des Seins«, weil Ihr Unterbewusstsein wie ein Fluss dem Lauf folgt, der ihm vorgegeben ist. Sie »fixieren« ein »als richtig erkanntes Verhalten« durch die »Macht der Wiederholung«. Das kann sogar in Ihrer Vorstellung geschehen. Sie müssten es im richtigen Leben eigentlich gar nicht wiederholen, sondern sich das Verhalten und die dazugehörige Situation nur immer wieder vorstellen. Ihre Vorstellung reicht aus, um etwas zur Realität werden zu lassen.

Woran erinnern Sie sich am ehesten? An das, was Ihnen immer wieder widerfährt, was Sie immer wieder umgibt und was Sie mehrmals täglich erleben. Wenn Sie das Fenster öffnen und vor Ihnen ein Plakat mit einer großen Palme sehen, dann werden Sie ständig an Urlaub denken. Wenn das Plakat für einen der bekanntesten Brillenhersteller wirbt, werden Sie beim nächsten Kauf genau dort eine Brille auswählen. Wenn das Plakat für eine bestimmte Versicherung wirbt, werden Sie als Erstes an diese Versicherung denken, wenn Sie eine abschließen wollen. Gut, das alles sehen Sie und nehmen es bewusst wahr. Doch es funktioniert eben auch unbewusst und unsichtbar.

Nehmen wir die Fernsehwerbung als Beispiel. Es sind nicht nur die Dinge, die Sie ständig sehen, die Sie zum Kauf animieren und sehr offensichtlich manipulativ auf Sie einwirken. Es sind auch die Dinge, die Sie nicht sehen. Jetzt werden Sie sich fragen, was Sie denn bei einer Werbung nicht sehen können. Es ist durchaus bekannt, dass zwischen den Bildsequenzen Bilder eingeblendet werden, die aufgrund der Schnelligkeit beim Abspielen unsichtbar bleiben. Trotzdem wirken sie auf Ihr Unterbewusstsein ein.

Wir können Gott sei Dank nicht abschätzen, was da genau in uns passiert. Vielleicht ist es auch besser, es nicht zu wissen. Auf alle Fälle sind die Medien das beste Beispiel, wie man das Unterbewusstsein nutzen und programmieren kann. Werbung versucht, ein Lebensgefühl zu vermitteln, wobei Sie sich bei einem Kauf nicht für das Produkt des Werbespots entscheiden, sondern für ein Gefühl, das Sie gerne haben möchten. Sie kaufen das Eis, weil es Glück verspricht. Sie kaufen das Bier, weil es für Freiheit wirbt. Sie kaufen die Brille, weil Sie nahezu umsonst zu haben ist. Also können Sie hier eine ganze Menge sparen.

Natürlich ist uns das beim Kauf nicht bewusst, doch wir sollten auch da genauer hinsehen und diesen Ablauf einmal von einer ganz anderen Seite aus betrachten. Unser Unterbewusstsein geht den Weg, der ihm am bekanntesten ist. Je öfter Sie ein optimales Verhalten zur Gewohnheit machen, desto schneller wird Ihr Unterbewusstsein diesem »neuen« Weg folgen. Natürlich geht das Unterbewusstsein meist Wege, von denen wir nicht einmal wissen, wie es überhaupt dazu gekommen ist. Es geht aber auch den Weg, den Sie haben wollen. Entscheiden Sie sich und machen Sie es sich zur Gewohnheit, sich ganz gezielt bewusst zu verhalten. Stellen Sie sich einfach vor, wie Sie sich in einer solchen Situation ideal verhalten, und geben Sie Ihrem Unterbewusstsein damit ein klares Bild des erwünschten Verhaltens vor. Die einmalige Eingabe veranlasst das Unterbewusstsein zu keiner Änderung. Erst durch die Wiederholung erkennt es die Nachhaltigkeit Ihrer Absicht. Damit wird es automatisch das erwünschte Verhalten befolgen, bis es ein neues Programm eingegeben bekommt. Deshalb ist das stetige bewusste Umgehen mit Situationen maßgebend, da sich das Unterbewusstsein immer wieder neu ausrichten wird. Es ist also keine einmalige Sache, einen gewissen Zeitraum bewusst zu leben, sondern die Herausforderung wartet jeden Tag auf Sie. Sie sollten sie nutzen.

Kurz gefasst: das Unterbewusstsein neu programmieren

Geben Sie dem Unterbewusstsein ein klares Bild des erwünschten Verhaltens, der Eigenschaft oder der Überzeugung ein, denn die Sprache des Unterbewusstseins ist das Bild. Nur wenn Sie ihm in seiner »Sprache« einen Auftrag geben, können Sie sicher sein, dass es auch verstanden wird. Nur Ihre Überzeugung wird auch Ihr Unterbewusstsein überzeugen. Lösen Sie deshalb zunächst jeden Zweifel auf und übertragen Sie damit die »Gewissheit der Erfüllung« auf Ihr Unterbewusstsein. Nutzen Sie dann wieder die »Macht der Wiederholung« und wiederholen Sie die Vorstellung des erwünschten Verhaltens, bis Sie sich in einem starken Gefühl der Freude und der Dankbarkeit wiederfinden. Nehmen Sie das als Bestätigung Ihres Unterbewusstseins, dass Ihr »Auftrag« angekommen ist.

Von »anno dazumal« ins Jetzt

Unsere Erziehung, unsere Kindheit und unser Umfeld haben uns geprägt. Ältere Menschen, die noch den Krieg miterlebt haben, werden diese Bilder nur schwer loswerden können. Erlebnisse sitzen tief und haben unser Verhalten geprägt. Es ist nur allzu verständlich, dass viele Menschen über ihre negative Denkweise nicht hinauskommen können. Ihre Erfahrungen haben sie zur einzigen Realität erklärt. Wer kennt ihn nicht, den Spruch: »Gestern war es schrecklich, heute ist es furchtbar und morgen kann es nur noch schlimmer werden.« Diese Aussage programmiert den Lebensablauf gnadenlos und wird dafür sorgen, dass sich daran auch nichts ändern wird. Das Leben wird immer nur unseren Gedanken und Befürchtungen folgen, das sollte man in der Zwischenzeit realisiert haben.

Es gibt immer noch Menschen, die davon überzeugt sind, dass die Vergangenheit die Zukunft gestaltet und das Leben es nicht gut mit uns meinen würde. Wenn man daran glaubt und davon überzeugt ist, dass das Leben so »schrecklich« ist, dann sollte man zumindest wissen, was denn Leben überhaupt ist. Man spricht vom Leben, als wüsste man bestens darüber Bescheid; doch nur wenige Menschen sind sich wirklich bewusst, was sich hinter dem verbirgt, was wir Leben nennen. Wir wissen also nicht Bescheid, können die wirkliche Realität nicht erkennen und tragen nur wenig dazu bei, damit sich das ändern kann. Was tun wir dagegen? Nichts! Wir verstärken die Illusion zusätzlich, denn wir denken die ganze Zeit über die Zukunft nach oder schwelgen in vergangenen Bildern. Dieses »Damals« und dieses »Heute« nennen wir Leben. Aber was ist es wirklich? Was wissen wir über die Vergangenheit und eine Zukunft, außer dass man sie in Zeiten einteilt und daran messen kann?

Es existiert nur ein einziger Augenblick und der nennt sich Jetzt. Alle anderen »vergangenen und zukünftigen« Formen haben mit dem Jetzt nichts zu tun. Vergangenheit muss wieder belebt werden, damit sie überhaupt wahrgenommen werden kann. Sie existiert ja nicht wirklich. Wo ist sie denn, wenn Sie gerade nicht an sie denken? Diese Erinnerung geschieht in unseren Gedanken und Gefühlen. Nur allzu gerne rufen wir zum Erinnern und Vergleichen alte Ereignisse wieder ins Leben zurück. »Wie schlecht wir es doch früher hatten.«, »Hoffentlich wird es nicht wieder wie früher.«, »Wo sind denn nur die guten alten Zeiten hin?« oder »Vielleicht habe ich ja noch einmal Glück, so wie früher« sind nur einige der eigenartigen Gedankengänge, die unseren Alltag begleiten. Obwohl es so etwas wie ein »Früher« nur in unserer Erinnerung gibt, ist es dafür umso dominanter. So dominant, dass es direkten Einfluss auf unser Leben nimmt. Wenn wir auf diese Art und Weise denken, schaffen wir lediglich Bewusstseinszustände, die von Angst begleitet werden. Kurzfristig sind sie vielleicht auch von Freude durchzogen. Da diese Freude aber nur in der Erinnerung lebt, ist das Erwachen umso böser, denn mit dem Ende der Erinnerung wird sich auch die Freude verabschieden. Ein Gefühl der Angst bleibt komischerweise auch nach der Erinnerung bei uns, auch wenn sie nur über diese Erinnerung zustande gekommen war. Wir sollten also den alten, verstaubten Kram loslassen und uns darum bemühen, stets im Jetzt zu leben. Da wären wir wieder bei der Aufmerksamkeit, wenn sich die Frage stellt, wie man denn im Jetzt leben kann. Eine »Wie-Frage« ist immer etwas heikel, denn sie verlangt nach einem Rezept. Eine Anleitung, wie es sie beim Backen gibt, sollte es schon sein. Man füge dem Teig Backpulver hinzu, damit der Teig aufgeht. Schon hat man ein wunderbares Ergebnis.

Mit dem Jetzt ist es allerdings etwas anders. Eine Anleitung zieht nicht unbedingt den Jetzt-Zustand nach sich, da das Bewusstsein des Menschen darüber entscheidet, wie es sich letztendlich darstellen wird. Deswegen wird die wahre Realität ja von vielen Menschen immer wieder bezweifelt, denn wenn es nicht bei jedem »funktioniert« und auch nicht von jedem »ausgeführt« werden kann, dann gibt es ja auch keinen Beweis dafür.

Braucht es denn einen Beweis für das Jetzt?

Braucht es einen Beweis für Gott?

Braucht es überhaupt einen Beweis für das kraftvollste Sein, wenn ich es nur in mir selbst entdecken kann?

Habe ich es entdeckt, dann werde ich erst recht nicht nach Beweisen suchen, sondern es eher still in mir »mittragen«, weil es dann zu etwas ganz Besonderem geworden ist. Über das, was einem sehr nahegeht, einem sehr vertraut ist und einem näher ist als alles andere im Leben, lohnt es sich zu schweigen. Spricht man darüber, dann entfernt man sich wieder davon. Deswegen schweigen einige Menschen verständlicherweise zu diesem Thema, weil es für sie nichts zu sagen gibt – *so nach dem Motto: »Kein Wort führt dich hin, nur über die eigene Erfahrung wirst du es in dir entdecken.«* Natürlich kann man etwas tun, um sich dem zu öffnen. Man kann sagen, dass man in der Achtsamkeit bleiben und den Augenblick ganz bewusst wahrnehmen soll. *Doch es gibt keine direkte Anleitung, die eine bewusste Wahrnehmung herbeiführt, denn dazu kommt es automatisch, wenn die Seele sich dafür öffnet. Weil sie bereit dazu ist.* Wenn man sich für das Bewusstsein öffnet und das regelmäßig tut, indem man sich zentriert und danach ausrichtet, setzt man ein Zeichen. Dieses Zeichen signalisiert eine Bereitschaft, die vom höchsten Selbst empfangen werden kann. Je mehr Signale eingehen, desto wahrscheinlicher wird es, dass man plötzlich das Jetzt-Bewusstsein erfährt und ganz bewusst anwesend ist. Je öfter man achtsam ist und in sich fühlt, sieht und horcht, desto weicher wird der harte Kern. Je weicher er wird, desto leichter wird es einem fallen, einfach im Jetzt zu verweilen.

Ins Jetzt »geht« man nicht – man nimmt es wahr.

Das Jetzt ist eine Form der Wahrnehmung, die nicht über die Sinne geschieht. Gedanken und Gefühle, ja das Leben selbst mit all seinen Umständen und Erfahrungen, weisen uns den Weg dahin. Übungen und Praktiken tun das ebenso, doch der Jetzt-Zustand offenbart sich ganz von selbst. *Es ist eine direkte Erfahrung, frei von jeglicher Bindung und Anhaftungen.* Den Jetzt-Zustand kann man nicht »wollen« oder »herbeiwünschen«, man kann das Leben aber voller Neugier, ehrlich und offen bestaunen und es so nehmen, wie es ist. Dann wird sich der Jetzt-Zustand immer wieder einstellen. Er wird kommen und gehen, oder man könnte auch sagen, »wir werden bewusster« und »wir entrücken dem Bewusstsein« wieder, um es ganz richtig auszudrücken. Wenn wir einfach nur sind, ist es wunderbar. Es ist leicht und fühlt sich unbeschreiblich an. Man kann es auch nicht beschreiben, weil es nicht über den Verstand oder das Gefühl wahrgenommen werden kann, sondern lediglich eine erweiterte Wahrnehmungsform eintritt, die die persönliche Wahrnehmung überlagert. Erst danach werden wir eventuell versuchen wollen, diesen Zustand wieder zu erzeugen, und uns fragen: »Warum kann es denn nicht so bleiben?« Das ist durchaus menschlich.

Wir würden nur allzu gerne ständig in diesem wunderbaren Augenblick verweilen und ertappen uns dabei, uns nach ihm zu sehnen. Es ist ein starker Drang, wieder zu Bewusstsein zu kommen. Niemand kann ihm auf Dauer widerstehen. *Doch je mehr wir versuchen, diesen Zustand zu erzeugen, desto weniger besteht die Chance, dass er eintreten wird.* Das Jetzt kommt dann herbeigeeilt, wenn man sich nicht darum kümmert und zuvor seine »Hausaufgaben« gemacht hat. Das Jetzt ist so bescheiden, dass es sich am wohlsten fühlt, wenn man sich gar nicht darum kümmert. Wenn wir es vergessen haben und überhaupt nicht mehr daran denken, es hier haben zu wollen, dann stellt es sich ein. Jeder Wunsch vertreibt es und der Wille hält es fern.

Betrachten wir das wunderbare Jetzt also genauso, wie wir alle anderen Dinge betrachten. Es sollte gleichwertig sein. Lassen wir das Überbewerten sein und behandeln wir es als etwas ganz Natürliches. Es ist auch etwas ganz Natürliches, wir machen es nur zu etwas Außergewöhnlichem. Warum? Weil es für uns selten ist und es uns fremd erscheint, obwohl es unser Ursprung ist, und uns näher liegt als alles andere. Wir sind das Jetzt, das gilt es zu erkennen. Erleben wir es, wenn es sich einstellt, genauso wie wir die Momente erleben, an denen es abwesend ist. Das bedeutet Gleichklang auf allen Ebenen des Seins.

Ob ich nun weniger oder mehr bewusst bin: Wir befinden uns alle mitten im »Spiel des Lebens«. Ich kann das Spiel nicht umgehen. Ich kann es nicht verschlafen und ich kann es weder verhindern noch verpassen. Auch mein »Erwachen« geschieht irgendwann, ohne dass ich den Zeitpunkt bestimmen kann. Leben im Jetzt: Natürlich ist es nützlich, wenn ich mich in Form von innerer Hinwendung dafür »vorbereite«. Wenn ich den Weg nach innen gehe und mein Leben danach ausrichte, mich immer wieder zentriere und immer wieder Stille erfahre, dann wird es nach und nach automatisch geschehen, dass ich aus dem Jetzt heraus lebe.

Aus dem Jetzt heraus zu leben bedeutet, bewusst zu sein, ein Selbst zu sein, das zu sein, wie uns das Leben gedacht hat.

Es ist der »Zeitpunkt«, wenn seelische Reife und göttliche Gnade aufeinandertreffen.

Die Welt muss weder gerettet noch verbessert und nichts muss in Ordnung gebracht oder verändert werden. Das können wir getrost der göttlichen Allmacht überlassen. Bewusstes Sein verlangt, die »Faszination des Alltäglichen« bewusst zu erleben und für *alles* dankbar zu sein. Wir brauchen also auf nichts zu warten, denn das Leben ist jetzt! Die Wirklichkeit unseres wahren Seins können wir weder erhöhen oder verbessern, weder verlieren noch verlassen, weder verpassen noch beschleunigen. Wir können lediglich vergessen haben, dass wir diese eine Wirklichkeit bereits sind. Alle »Hilfestellungen« und »Übungen« dienen also lediglich dazu, weicher und offener zu werden, doch in Wirklichkeit geschieht es oder auch nicht. *Erkenntnis ist also ein natürlicher Prozess – so Gott will.*

Wir können uns nur selbst als dieses Eine erfahren, um dann zu sehen, dass es all diese Miseren und das, was wir Leiden nennen, niemals wirklich gegeben habt. Solange wir uns also als ein eigenständiges Individuum identifizieren und dieses als echt empfinden, werden wir uns auch weiterhin – und alles um uns herum – als einzige Realität ansehen und uns daran reiben. Es nutzt aber nichts sich einzureden, dass die Welt oder das, was mich gerade berührt, unwirklich ist. Beginnen wir einfach damit, tiefer zu sehen, in uns zu horchen, achtsamer, bewusster und stiller zu sein und alles zu erforschen. Wir erforschen das, was wir als Leben, Mensch, Tier, Gedanke, Situation, Gefühl, Ego, Verhalten und Realität bezeichnen, auf seine Richtigkeit. Wenn wir als Menschen einen Kriegsschauplatz sehen, dann können und wollen wir ihn nicht akzeptieren. Wenn wir aber in uns gehen und ihn aus der Stille heraus betrachten, dann kann sich das Bild ändern. Was ist Krieg wirklich?

Der Schmerz kann sich erst dann auflösen, wenn wir bis zum Ursprung vorgedrungen sind. Solange wir aber nicht tiefer eintauchen können und auf der Oberfläche des Geschehens hängen bleiben, werden wir das weiterhin als schmerzlich empfinden. Wer empfindet es als grausam? Wer lehnt es ab? Finden Sie es heraus und alles Leid endet.

Langsam zum Bewusstsein erwachen

Jeder Mensch hat jeden Tag unzählige Möglichkeiten, um sein Leben bewusster zu gestalten. Keiner hat es besser oder schlechter. Niemand hat dem anderen gegenüber einen Vorteil oder ist besser dran, das Potenzial, um sich völlig neu zu entdecken, schlummert in jedem von uns. Ich möchte nachfolgend einige Punkte aufführen, die uns helfen, wacher zu werden und das Leben harmonischer zu kreieren. Ich habe sie in meiner langjährigen Tätigkeit als »Lebenslehrer« für Sie zusammengetragen und schon mehrmals weitergegeben. Wie erwache ich zu mir selbst? Was kann mich im Prozess des Erwachens unterstützen?

Wie erfinde ich mich neu?

- Indem ich mir darüber bewusst werde, dass ich immer, in jedem Augenblick, die Wahl habe, mich und mein Leben zu verändern. *Der inneren Wandlung wird die äußere folgen.*

- Indem ich mich selbst erforsche und meine Identität überprüfe – mir bewusst mache, wer ich bin. *Wer bin ich?*

- Indem ich mir bewusst mache, welches Spiel ich spielen möchte. Welche Rolle übernehme ich? Was ist meine Rolle? Was hat das Leben mit mir vor? Was ist mein Lebensplan? Stimmt mein persönliches Ziel mit dem des höchsten Selbst überein? *Ich folge meiner Bestimmung.*

- Indem ich mir bewusst werde, in welche Richtung das Spiel geht. Ich erkenne mein wahres Ziel, dass das Leben ein Spiel des Erwachens ist. *Wohin will mich das Leben führen?*

- Indem ich durchschaue, was der Grund des Spiels ist. Das Hauptziel ist nicht die Verwirklichung von irgendwelchen Wünschen, sondern die Verwirklichung meines Selbst. *Warum bin ich hier?*

- Indem ich meine irdischen Aufgaben durch Zielklarheit bestimme. Ich kann alles erreichen, aber ich muss wissen, was ich will. Ich finde heraus, ob es mein wahrhaftiges Ziel ist oder nur eine Laune meines Willens. *Ich steuere mein Leben mit bewusster Aufmerksamkeit und dem stimmigen Verhalten.*

- Indem ich mein Mangelbewusstsein auflöse und mir ein umfassendes »Wohlstandsbewusstsein erschaffe«, das alle Aspekte meines Lebens umfasst. Ich bin nicht das Opfer, sondern der Täter. *Ich setze Ursachen und erlebe deren Wirkung. Warum also nicht auch gezielt Ursachen setzen?*

- Indem ich meine Aufmerksamkeit von dem abziehe, was nicht sein soll und auf die »Lösung« des erwünschten Endzustands gerichtet halte. Ich überprüfe meine Aufmerksamkeit immer wieder. Sie soll im Hier und Jetzt ruhen und nicht überall anhaften. *Aufmerksamkeit kann immer nur jetzt sein, und im Jetzt zu sein bedeutet, seine Aufmerksamkeit nicht zügellos umherschweifen zu lassen.*

- Indem ich alles, was mich nicht glücklich macht, loslasse. Vor allem die Erinnerungen, die Vergangenheit und die Gedanken um die Zukunft kann ich ablegen und hinter mir lassen. Ärger, Stress, längst überholte Glaubenssätze, störende Gewohnheiten und alles, was mir das Leben schwer macht. In dem Moment, wo es anwesend ist, lassen ich es sein. *Ich lasse Unstimmigkeiten sein, indem ich ihnen keine weitere Beachtung schenke oder sie umerlebe.*

- Indem ich das »Werkzeug Mensch« optimiere. Vor allem mein Selbstbild kann ich korrigieren und mich als der sehen, der ich wirklich bin. Nicht nur meine Stärken stärken mich, sondern auch meine Schwächen kann ich in Stärken umwandeln und sinnvoll einsetzen. *Es gibt keine Schwächen. Es gibt nur Menschen, die eine Eigenschaft als Schwäche bezeichnen.*

- Indem ich das »Kapital Fehler« erkenne und es sinnvoll nutze. Es ist eine Botschaft vom Leben und lediglich ein Hinweis auf dem Weg. *So etwas wie richtig und falsch gibt es nicht. Es gibt nur Erfahrungen, die ohne ein persönliches Empfinden alle gleiche Gültigkeit haben.*

- Indem ich dem Leben die »richtigen Anweisungen« gebe und mein Schicksal selbst bestimme. Aus welchem Bewusstsein lebe ich? Persönliche Anweisungen sind nicht dasselbe wie Wirkungen, die sich aus bewusst gesetzten Ursachen ergeben. *Ich bin der Schöpfer.*

- Indem ich mir meine »Werte-Hierarchie« bewusst mache und optimiere und so mein Leben wirklich lebe. Was ist wichtig? Was zählt? *Ich überprüfe den Lebensinhalt und die Gewichtigkeit des Ich und des Selbst.*

- Indem ich in die »Macht des Glaubens« eintrete und Vertrauen in mein Selbst habe. Vertrauen wird so zum Selbst-Vertrauen und kann sich in Urvertrauen wandeln. *Seien wir einfach das, was wir sind.*

- Indem ich niemals aufgebe und Geduld bewahre. Der Weg des Bewusstseins braucht Mut und Entschlossenheit. *Ich gehe immer wieder in die Gewissheit, dass alles seine Richtigkeit hat und sage Ja zu dem, was ist.*

Sag einfach JA

Wie gelingt mir mein Leben? Wie werde ich glücklich? Wie erwache ich zu mir selbst?

Indem ich JA zu mir sage.

Indem ich das Leben bejahe.

Das Leben bejahen heißt, alles zu begrüßen. Alles darf hier sein, jetzt und nun. Es ist die Kunst des Lebens, zwischen dem Blick auf das Ganze und der Einzigartigkeit jedes Lebewesens keine Unterschiede zu machen.

Ein JA befreit von jedem Zweifel.

Ein JA lässt Gegensätze zu Geschwistern werden.

Ein JA öffnet Türen. Ein Nein verschließt sie für immer.

Ein JA verzeiht, versteht und versöhnt.

Ein JA kann Berge versetzen.

JA ist nicht nur ein Wort. JA ist die Energie, die Herzen öffnet.

Ein regnerischer Tag mit mürrischer Stimmung. Alles ist trist und ich fühle mich träge. Sieh in den Spiegel oder durch das Fenster und sage JA. *Das, was du siehst, ist immer dasselbe: ein Abbild der einen herrlichen Kraft.*

Sag JA zu dem, wie es ist, denn genau so darf es sein.

Der Mensch sucht nach Gott und hält Ausschau nach dem Besonderen. Wo mag Er sich verstecken? Wo mag er nur sein? JA, Er ist hier. JA, Er ist unter uns, denn Er ist in allem. Er schläft in uns, wenn wir träumen. Er lacht durch uns, wenn wir fröhlich sind, und Er bestimmt die Flugbahn einer Hummel. Er schiebt die Wolken von links nach rechts und ist in der Träne, die wir vergießen. Wenn wir Gott doch einfach so annehmen würden, wie er sich uns zeigt. Was wäre dann? Es wäre ein Einfaches! Was? Das Leben!

Warum also nicht JA sagen zur Träne, zum Kummer, zum Regen und zum Blitz? Das Einzigartige versteckt sich nicht an einem Ort, wo wir nur mit großer Mühe hingelangen können. Das Allumfassende ist das Alleine, das sich nur durch die Vielfalt zeigen kann. Warum also durch das Leben hetzen und suchen?

Halte inne und sag JA.

Sag JA zur Welt und sieh sie dir ganz genau an, dann wirst du bemerken, dass du sie so noch gar nie gesehen hast. Wandere des Weges. Langsam und bedacht und sag JA.

Sag JA zum Tag.

Sag JA zu den Staubkörnern, die du auf dem Weg aufwirbelst, und sag JA zum Wind, der dich milde berührt oder deine Haare etwas unsanft aufwirbeln lässt.

Sagst du JA zum Wind, sagst du JA zu Gott.

Sagst du JA zum Schmerz, sagst du JA zu Gott.

Sagst du Nein zur Furcht, dann lehnst du dich auf gegen die Vielfalt der göttlichen Pracht. Genau so will Er dir gegenübertreten und genau so, wie dein Leben im Moment ist, so soll es sein. Warum? Es wäre nicht so, wenn es nicht so sein sollte. Wenn du dich nur ganz kurz daran erinnerst, dass in allem diese eine Kraft verborgen liegt, ist es umso leichter und verlockender, einfach JA zu sagen.

JA macht glücklich.

JA macht froh.

JA bedeutet Leben.

JA ist Kraft.

Nein macht krank.

Nein lehnt sich auf.

Nein verschließt dich.

Nein ist blind.

Die wahre Kunst ist, aus jedem Moment ein freudiges JA zu formen und alles andere unbeachtet stehen zu lassen, sich nur um das JA zu kümmern, denn das Nein will dich fallen sehen.

Das Nein schleicht sich ein.

Das Nein zerrt an dir.

Das Nein will dich umstimmen.

Sag JA zum Nein und dann erkenne das JA darin. Auch im Nein liegt ein JA, so wie der Schatten die Sonne braucht, um sich Schatten nennen zu können. Entdecke in deinem Nein ein JA oder forme daraus ein JA, denn das JA heilt.

Hab Mut und sag JA.

Bist du bereit, das Leben anzunehmen?

Bist du bereit, JA zu sagen? Wenn du das kannst und dich dafür öffnest, dann entdeckst du die vielen Chancen und Möglichkeiten, die dir das Leben zu bieten hat.

Das JA lässt dich sehen, ein Nein lässt erblinden.

Ein JA lässt deine innere Kraft wirken.

Ein JA lässt dich wissen, dass du den Weg nicht alleine gehst.

Sag JA und lächle dabei.

30 goldene Prinzipien, um sich dem Leben zu öffnen

Die Fähigkeit mit Lebensprozessen, Umständen, Situationen und Beziehungen bewusster umzugehen, sie aktiv zu gestalten und in eine uns entsprechende Richtung zu »lenken«, trägt jeder in sich. Wir sind dem Leben also nicht ausgeliefert, sondern können ganz gezielt »beabsichtigte Ergebnisse« erreichen, soweit sie unserem göttlichen Plan entsprechen. Die Kunst, alles so anzunehmen, wie es ist, es zu bejahen und mit dem Strom des Lebens zu schwimmen sind wunderbare Eigenschaften. Doch können wir zusätzlich unsere inneren Fähigkeiten zum Ausdruck bringen, um ein erfüllenderes und harmonischeres Leben zu erfahren. Das heißt, wir werden aktiv, indem wir unserer inneren Stimme folgen, unser Potenzial ausschöpfen und unsere Werkzeuge vollumfänglich nutzen, die uns mit auf den Weg gegeben worden sind. Die Frage, was man tun kann und soll oder auch nicht tun soll und kann, wird überflüssig. Alles, was uns zur Verfügung steht, kann genutzt werden, ansonsten wäre es nicht hier. Erwecken wir also zum Leben, was in uns allen schlummert, und gehen wir zielstrebig, offen und bewusst durch den Tag. Jeder Tag ist eine neue Herausforderung und der Tag verlangt unsere ganze Hinwendung und Aufmerksamkeit.

Nicht nur in meinen Seminaren, sondern auch in meinen Büchern dreht es sich immer wieder um diese »Lebens-Prinzipien«, weil sie den Grundbaustein für bewusstes Leben bilden. Es ist also nichts »Neues«, sondern Altbewährtes und Erprobtes, was bereits viele Menschen in ein erfüllendes und harmonisches Dasein führen konnte. Deswegen machen sie aus diesem Wissen eine Erfahrung, denn nur wer es lebt, wird auch erfolgreich sein können. Einstellung, Sichtweise, Verhalten, Reaktion und Geisteshaltung sollten ständig im Einklang mit uns selbst, unserem Umfeld und all den Begebenheiten sein, damit wir unser Bewusstsein entfalten. Etwas zu harmonisieren bedeutet also nicht, im Außen einzugreifen, denn indem wir ganz bewusst unsere Energie verändern, ergibt sich das ganz von selbst. Sehen Sie die folgenden goldenen Regeln als Anregungen, die Sie alle gemeinsam, je nach Belieben auch einzeln oder kombiniert anwenden können. Versuchen Sie sich einfach darin und probieren Sie aus, was am besten zu Ihnen passt und was für Sie am »stimmigsten« ist. Es ist eine Aufmunterung, die Sie dazu einlädt, Ihre wahre Größe hervorzuheben und den Mut zu haben, ganz Sie selbst zu sein. Trauen Sie sich und gehen Sie den Weg der Erkenntnis. Der Weg ist durchaus sehr abwechslungsreich. Manchmal scheint die Sonne, und wenn es regnet, könnte es nebenbei auch noch recht nebelig sein. Unsere trübe Sicht wird immer klarer, je mehr wir bereit sind, den Blick nach innen zu richten und uns vom »Wetter« des Lebens oder des Gemüts nicht unterkriegen lassen. Lassen wir die Wolken ziehen, denn die Schwankungen kommen und gehen. Bleiben wir im Vertrauen. Die pure

Präsenz der Anwesenheit wird uns aus den dunklen Gedankenfeldern herauslocken und auch das Gefühlschaos hinter sich lassen. Fassen wir jeden Tag den Entschluss, heute »das Beste« zu tun, dann ist das der erste Schritt Richtung bewusstes Sein. Mithilfe der 30 goldenen Prinzipien können Sie Ihre Energie verändern. Ihr Bewusstsein weitet sich, dehnt sich aus und erhebt sich.

Die Frequenzanhebung geschieht durch das Wissen und die Anwendung der goldenen Prinzipien.

1 Die Macht Ihrer Gedanken

Was auch immer sich ergibt oder was werden soll – am Anfang steht immer der Gedanke. Alles beginnt mit einem Gedanken, und jeder Gedanke ist eine geballte Kraft an Energie, die eine Wirkung nach sich zieht. Jeder Gedanke setzt eine Ursache, da jeder Gedanke an sich eine Ursache ist. Die Energie des Gedankens kehrt immer als entsprechendes Ereignis zu seinem Ursprung zurück, das heißt, das, was Sie denken, sollte genauestens ausgewählt werden. Ob wir es nun Schicksal, Glück, Pech oder Zufall nennen, spielt keine Rolle, denn es ist stets die Summe der durch unsere Gedanken hervorgerufenen Ereignisse. Wir bestimmen, welche Gedanken wir denken. Da wir den Gedanken meist unbegrenzten freien Auslauf lassen, ist es kein Wunder, dass sich unser Leben so zeigt, wie es jetzt ist.

Gedankenstille ist eine wunderbare Form, um in sich einzukehren und die Ursachen zu reduzieren. Doch Gedankenstille geschieht nicht einfach so. Wer sich darin geübt hat, weiß nur allzu gut, wovon ich spreche. Gedankenstille kann nicht erzeugt werden, sie stellt sich ein, wenn wir unsere Aufmerksamkeit von den Gedanken abziehen, sie nicht ständig breittreten und uns in ihnen herumwälzen. Es hat niemand gesagt, dass es einfach ist, Stille im

Kopf zu erzeugen. Willentlich ist es nicht auf Anhieb möglich, da der Verstand das Zepter in der Hand hat und über eine sehr starke Durchsetzungskraft verfügt. Doch wenn Sie wissen, dass es im Kopf ruhig wird, wenn Sie sich den Gedanken einfach nicht widmen, haben Sie schon leichteres Spiel. Es erfordert Disziplin, ständiges »Neuausrichten« und viel Geduld, dann wird der Geist nach und nach zur Ruhe finden.

Viele Menschen sagen, ja, ich habe das mal probiert, aber die Gedanken kommen immer wieder. Es ein paar Mal zu probieren reicht nicht aus. Es erfordert vielmehr, sich seiner Gedanken täglich bewusst zu sein und sie immer wieder, ganz gezielt, einfach stehen zu lassen. Es gibt etliche Möglichkeiten und Yogaübungen, die hier sehr hilfreich sein können. Wir können zum Beispiel immer an dasselbe denken, es uns immer wieder bildlich vorstellen und den Verstand für ein anderes »Bild« begeistern, wenn die Gedanken wieder mal überhandnehmen. Wir stellen uns also etwas vor, was uns guttut – etwas, in dem wir uns wohlfühlen. So wird der Verstand irgendwann automatisch diese Richtung einschlagen, wenn wir nur ausdauernd genug sind, ihn ständig in eine neue Bahn zu lenken. Auch hier kommt uns die Macht der Wiederholung zugute. »Gedankendisziplin« ist übrigens nicht anstrengender, als den ganzen Tag nachzudenken, und zieht außerdem keine unerwünschten Wirkungen nach sich. Die meisten Menschen sind sich nicht nur der Macht ihrer Gedanken nicht bewusst, sondern sie nehmen gar nicht bewusst wahr, dass sie sich den ganzen Tag in Gedanken verlieren. Bevor man also mit den Gedanken irgendwie »arbeitet«, muss man zuerst einmal bemerken, dass man unentwegt denkt. Dafür braucht es Achtsamkeit. Wenn ich zum Beispiel spazieren gehe, dann bin ich üblicherweise in Gedanken verloren. Wir sollen alles, was wir sehen, ganz bewusst wahrnehmen und auch unser Gehen, Atmen, den Wind und die Landschaft fühlen, sehen und hören. Wenn wir damit beschäftigt sind, dann wird sich der Verstand zurückziehen. Natürlich kommt er immer wieder, aber wir können ja auch immer wieder bewusst in den Moment übergehen. Wer die Gedanken einfach so umherirren lässt, darf sich nicht wundern, wenn das Leben nicht ganz so harmonisch verläuft. Deshalb sollten wir uns darum bemühen und alles andere, um das wir uns ständig kümmern, nicht ganz so wichtig nehmen. Was gibt es Wichtigeres als das, was unser Leben bestimmt?

2 Bewusstes Loslassen

Loslassen ist der erste Schritt in ein freieres Leben. Alles, was uns beengt, was nicht mehr zu uns gehört und nicht mehr »stimmt«, können wir aus unserem Lebensraum entlassen. Wie? Indem wir ihm keine weitere Aufmerksamkeit mehr schenken – mit dem Wissen, dass »wenn es geht«, Platz für Neues frei wird. Und im Prinzip »geht« ja nichts. Auch von einem Partner können wir uns nicht »trennen«. Die Körper mögen verschiedene Wege gehen, doch im Grunde ist man doch immer nur eins. Alles ist eins. Es gibt nichts, was getrennt von mir existiert. Wenn ich »mir« sage, meine ich die Seele, das Bewusstsein, das Sie sind. Deshalb existiert hier auch nur Einheit. Bei der sogenannten Trennung passiert nichts anderes, als dass die Körper von Seelen unterschiedliche Wege gehen, da sie nicht mehr dieselben Erfahrungen benötigen. So geht jeder seinen Weg der Erfahrung, und der muss nicht immer derselbe sein. Wenn also jemand sagt: »Wie konnte er sich nur von mir trennen?«, dann können Sie sagen: »Er hat sich nicht von dir getrennt. Er hat sich auch nicht gegen dich entschieden, sondern nur eine andere Erfahrung gewählt. Es richtet sich also nicht gegen dich, sondern seine Entscheidung entspricht lediglich seiner Seelenerfahrungskartei. Du hast jetzt Zeit für dich, du kannst jetzt vieles tun, was du zuvor vernachlässigt hast, und du kannst dich für den »anderen« freuen, dass sich ihm, so wie dir, neue Erfahrungsfelder auftun.«

Das Loslassen bezieht sich aber nicht nur auf Beziehungen. In erster Linie ist das Loslassen von Programmen, Mustern, Ängsten etc. sehr wichtig, da uns das alles daran hindert, neue Erfahrungen zu sammeln. So bleiben wir immer in diesen alten Strukturen gefangen und verhalten uns immer gleich. Lassen wir also alles los, was nicht mehr in unser Leben gehört. Das heißt alles, was uns nicht wirklich glücklich macht. Lassen wir auch alles Unwesentliche los und schaffen so Raum für das Wesentliche. Nur so wird sich das Leben erfüllen.

Aber auch Loslassen geschieht nicht so einfach, denn wenn Sie sagen »So, jetzt lasse ich meinen Kummer los«, dann ist er noch nicht verschwunden. Auch hier ist es wichtig, dieses Gefühl zu erleben, in dieses Gefühl hineinzugehen und es einfach zu spüren. Wenn es am stärksten ist, dann richten Sie Ihre Aufmerksamkeit auf etwas anderes, am besten auf den Moment, und kümmern sich nicht mehr darum. Nähren Sie es nicht durch Ablehnung, Nachdenken, Ärger oder Beschuldigungen, sondern lassen Sie es los, indem Sie es sein lassen. Nur wenn Sie hindurchschreiten, werden Sie Ihr Bewusstsein weiten und können eines Tages auch Ihre persönliche Identifikation loslassen, um Ihre wahre Identität zu erkennen.

3 Bewusstes »Sympathisch-Sein«

»Sympathisch-Sein« ist der Grundbaustein des »Erfolgs«. Es bedeutet nichts anderes, als mit Ausstrahlung in ein bewusstes Sein, in die absolute Lebensbejahung überzugehen und sich bewusst zu sein, dass Ihre Ausstrahlung Ihr Umfeld formt. Das, was Sie ausstrahlen, ziehen Sie auch an. Je wohlwollender Sie »strahlen«, desto wohlwollender wird sich auch Ihr Leben gestalten. Das Resonanzprinzip ist ein geistiges Gesetz. Alles geschieht nach Ihrer Entsprechung. Ich könnte auch »bewusst sein« sagen, doch das könnte abschreckend auf Sie wirken, indem Sie sagen »Das kann ich nicht« oder »Wie geht denn das?«. Unter Sympathie können Sie sich etwas vorstellen. Etwas, das Sie mögen, ist Ihnen auch sympathisch. Wie muss es also sein, um Eindruck zu hinterlassen und »positiv« auf Sie zu wirken?

- Herzerfrischend? Freundlich? Positiv? Umgänglich?
- Charismatisch? Gutherzig? Ausgeglichen? Heiter?
- Herzlich? Aufmerksam? Warmherzig? Nett? Zuvorkommend?
- Entgegenkommend? Verträglich? Strahlend? Gefällig?

Natürlich ist »*Sympathisch-Sein*« nicht gleich »Bewusst-Sein«, da es eine Eigenschaft ist, doch trägt es das Bewusstsein in sich. Alles hat denselben Kern, man muss ihn nur entdecken. Es ist also der »erste Schritt« Richtung Bewusstsein. Seien Sie geduldig und beginnen Sie mit dem Einfachsten. Geduld ist eine Tugend, die für viele am schwierigsten scheint, doch auch ein Korn muss reifen. Ein Same ist nicht morgen ein Baum. Der irdische Zeit-faktor ist daher ein wichtiges Element, denn Beharrlich-keit und Ausdauer sind Stärken, die erst geübt werden müssen. Seien Sie sympathisch und entdecken Sie in die-ser Ausstrahlung und Eigenschaft Ihr höchstes Selbst.

4 Gezielte Veränderung Ihrer »energetischen Signatur«

Jeder Mensch ist ein Energiefeld, mit einer ganz individuellen Schwingung. Dieses Energiefeld hat nicht nur auf den eigenen Körper eine Auswirkung, die Gesundheit oder Disharmonie bewirkt, sondern es wirkt natürlich auch auf alle anderen Lebewesen ein. Sie sind ein permanenter Sender und ziehen damit zuverlässig bestimmte Ereignisse in Ihr Leben und halten ebenso zuverlässig andere Ereignisse und Umstände fern. Auch wenn Sie glauben, etwas ganz dringend zu brauchen, kann es nur in Ihr Leben treten, wenn es mit Ihrer Schwingung konform geht. Ereignis und Sender müssen also harmonieren und auf derselben Frequenz schwingen, ansonsten werden Sie niemals zueinanderfinden. Es ist wie beim Fernsehen. Wenn Sie einen Sender wählen, auf dem ein Krimi läuft, werden Sie nicht den Liebesfilm sehen können, der sich im anderen Sender abspielt. Sie müssen also die Frequenz ändern, indem Sie einfach umschalten. Beim Fernsehen mag es einfacher erscheinen, doch auch Sie können Ihre Energiequalität jederzeit verändern. Sie sind die energetische Ursache der Ereignisse und Entwicklungen in allen Bereichen Ihres Lebens, denn Sie können eben nur das in Erscheinung rufen, was Ihrer energetischen Signatur entspricht. Wenn Ihnen etwas in Ihrem Leben nicht gefällt, dann müssen Sie also die entsprechende Energiequalität immer nur *in sich* ändern, damit das Erwünschte hervorgerufen werden kann.

Um das Außen müssen Sie sich nicht kümmern, denn es ist nur das Bild, das sich durch Ihre Gefühle, Gedanken und Handlungen ergibt.

Vor allem geht es aber auch darum, unerwünschte Ereignisse energetisch nicht mehr anzuziehen. Unerwünschte Energien (Zweifel) sollten immer sofort umgewandelt werden, bevor sie als Ereignis, als Realität in Erscheinung treten. können. Machen Sie sich für das magnetisch, was sein soll. Sie haben das Werkzeug dazu.

5 Optimierung des Selbstbildes (als »Gewinner« leben)

Warum ist das Selbstbild so wichtig? Das Bild, das wir von uns selbst haben, ist deshalb so wichtig, weil die Realität, die wir erleben, eine Reflexion unserer Überzeugungen ist. Was und wie viel wir im Leben erreichen, wird weitgehend von unserem Selbstbild bestimmt.

Wie stehen wir zu uns?
Wie sehen wir uns?
Als was erleben wir uns?

Das Selbstbild ist etwas, was Sie ganz alleine bestimmen. Vielleicht tun Sie es »noch nicht« bewusst und haben sich vielleicht auch noch gar keine Gedanken darüber gemacht. Auf alle Fälle können Sie Ihr Selbstbild jederzeit ändern, harmonisieren oder erneuern. Jeder Mensch ist von Natur aus ein »Gewinner«. Er hat das Glück, geboren zu sein und als Mensch hier zu sein. Das bedeutet, er hat hier in diesem Leben die Chance, zu sich selbst zu erwachen. Diese kostbare Möglichkeit wird selten genutzt, meist jedoch bleibt sie unentdeckt.

Was ist das für ein Leben, wenn ich diese Chance nicht nutze?

Wozu habe ich Augen, Hände und Gehirnwindungen, wenn ich sie nicht für diese Aufgabe einsetze?

Welchen Wert hat das Leben, und lohnt es sich überhaupt, wenn ich das eine Ziel, wofür ich auf Erden bin, einfach links liegen lasse und so tue, als ginge mich das alles gar nichts an?

Wir sind von Natur aus Gewinner, das beweist unsere Existenz. Wir alle sind einzigartig und faszinierend, sind Schöpfer und können die Lebensumstände jederzeit frei bestimmen.

6 Die Kunst, die richtigen Entscheidungen zu treffen

Das Leben fordert uns täglich dazu auf, Entscheidungen zu treffen. Diese Entscheidungen reichen weiter als unser Wissen. Die Auswirkungen von Fehlentscheidungen, die meist reine Kopfentscheidungen sind, werden immer katastrophaler. Wenn es um Entscheidungen geht, ist darum das Denken keine so große Hilfe, wohl aber die »energetische Wahrnehmung«.

Unser Inneres weiß alles. Es weiß *alles* bereits, *bevor* man zum Denken kommt. Jeder Mensch trägt eine Bauchentscheidung in sich, doch einige können es stärker und die anderen hingegen nur schwächer wahrnehmen. Mit der Hilfe unserer inneren Wahrnehmung können wir richtig und falsch energetisch eindeutig auseinanderhalten. Wir sind also in der Lage, stets die richtigen Entscheidungen zu treffen.

Auch der Armtest bietet eine Möglichkeit, uns dabei behilflich zu sein. Wichtig ist es allerdings, auf unser Gefühl zu vertrauen; denn vielleicht zehn Jahre später festzustellen, dass das Bauchgefühl einen ja davor gewarnt hätte, ist eben zehn Jahre zu spät. Im Grunde gibt es keine »falschen« und »richtigen« Entscheidungen, sondern nur Erfahrungen, die wir als solche bezeichnen. Wenn ich also von »richtig« oder »falsch« spreche, dann weise ich nur auf die Dualität des Lebens hin und will Sie dazu ermuntern, Entscheidungen stets neutral zu treffen. Das heißt, eine Entscheidung sollte niemals etwas Persönliches sein, sondern etwas Selbst-Verständliches. Jede Entscheidung soll der Allgemeinheit und mir zum Wohle dienen, und dieses »Mir« spricht natürlich wieder Ihre Seele an. Lieben Sie sich selbst, seien Sie angstlos und voller Vertrauen, dann wird auch jede Entscheidung nur die besten Ergebnisse erzielen und optimale Umstände mit sich bringen.

7 Gezielte Begeisterung (Enthusiasmus)

Alle großen Dinge dieser Welt sind vollkommen mühelos entstanden. Warum? Weil ihnen eine Begeisterung vorausgegangen ist. Wenn Sie Menschen fragen, wie sie etwas ganz Großes, Einzigartiges und Wunderbares geschafft haben, dann werden Sie folgende Antwort zu hören bekommen: »Ich weiß es nicht. Es ist einfach passiert.« Alles, was Ihre Begeisterung genießt, geschieht mit großer Leichtigkeit und hat wunderbare Folgen. Da die Folgen stets dieselbe Kraft haben müssen, die die Begeisterung in sich trägt, kann es gar nicht anders sein. Wer Begeisterung sät, wird Erfolg und Wunder ernten. Begeisterung gibt uns die Kraft, auch höchsten Zielen entgegenzugehen und sie auch unter schwierigen Umständen sicher zu erreichen. Je größer Ihre Begeisterung ist, desto leichter wird die »Meisterung« der vor Ihnen liegenden Aufgabe sein. Entwickeln und optimieren Sie Ihre Fähigkeit, sich für Ihr Tun zu begeistern, denn sie aktiviert Ihre verborgenen Kräfte und Fähigkeiten. Sie erfüllt Ihr Tun mit dem »Geist des Gelingens«, sodass Sie jede Schwierigkeit meistern und immer wieder überrascht sein werden, wozu Sie fähig sind.

Es gibt Menschen, die arbeiten, um Geld zu verdienen, und es gibt Menschen, die bekommen dafür Geld, weil sie etwas tun, was sie gerne tun. Sie kümmern sich gar nicht um die »Früchte ihres Tuns«, sondern tun es aus reinem Herzen. Sie können gar nicht anders, denn sie folgen einem natürlichen Drang, dem man nachgeben muss, wenn man viel »Herzblut« in sich trägt. Sie können sich zwar für etwas begeistern, was Ihnen im Grunde gar nicht entspricht, aber das ist nicht die wahre Begeisterung, die von innen kommt und auf allen Ebenen harmoniert.

Der Ratschlag »Tun Sie es mit Begeisterung« wird Ihnen also nicht sehr hilfreich sein, wenn Sie etwas nur aus Berechnung, mit vielen Erwartungen oder nur wegen des Einkommens tun. *Erst wenn der Lohn für etwas unwichtig wird, dann ist es auch die optimale Tätigkeit.* Sie können sich noch so sehr bemühen, Sie werden unter diesen Umständen nicht die Leichtigkeit des Erfolges zu spüren bekommen. Haben Sie trotzdem Erfolg, dann mag das im ersten Moment erfreulich sein, doch er führt Sie nur über Erfahrungen, die schlussendlich nicht in der wahren »Erfüllung« enden werden. Anzukommen ist Erfüllung, Geld zu haben ist nur Mittel zum Zweck. Wenn Sie Ihre Ambitionen nicht ändern, wird die wahre Erfüllung noch auf sich warten lassen. Nur wer der Stimme des Herzens folgt, wird auch in sich ankommen können. Deshalb ist Begeisterung immer etwas Identisches, Aufrichtiges und Klares, was man nicht einfach so fühlen kann. Begeisterung ist das Geschwisterchen des Seelenplans und der Lebensaufgabe. Man kann Geschwister ja auch »adoptieren«, indem man so tut als ob, aber das entspricht nicht dem Weg des Selbst, sondern des persönlichen Ich. Es kommt der Tag, an dem das Leben Korrekturen vornimmt und all die unbewussten

Menschen wieder in unzählige Sackgassen schicken wird, damit sie das wahre Ziel ihres Daseins erkennen können. Es ist immer nur eine Einladung, die es Ihnen ermöglicht, hinzuschauen und zu überprüfen, ob der Weg auch Ihrer Seele entspricht.

8 Die Macht des ersten Eindrucks

Die Macht des ersten Eindrucks ist etwas, das wir nicht unterschätzen sollten. Sie haben nie mehr die Chance, den ersten Eindruck zu wiederholen. Dieser erste Eindruck entsteht immer in den ersten sieben Sekunden. In dieser Zeit haben Sie noch keine Gelegenheit, Ihre Intelligenz, Ihre Kompetenz und Souveränität zu zeigen. In diesen paar Sekunden wirkt nur Ihre Ausstrahlung, Ihre »energetische Signatur«. Da Sie diese frei bestimmen, verändern und jederzeit korrigieren können, ist es sinnvoll, wenn Sie sie vor einer Begegnung (wie zum Beispiel einem Bewerbungsgespräch) nutzen. Natürlich kann man sich vor einer ersten Begegnung immer vorbereiten, doch unerlässlich ist es dann, wenn zum Beispiel Ihre »Zukunft« davon anhängt. Bereitet man sich nicht vor, dann punktet man vielleicht mit Spontaneität und Natürlichkeit, die sehr gut ankommen können. Das setzt aber ein gewisses Bewusstsein, ein sicheres Auftreten und Charisma voraus, das nicht jeder so locker aus dem Ärmel schüttelt. Deshalb sollten Sie Ihre Schwingung erhöhen und ganz Sie selbst sein, wenn Sie jemandem begegnen. Wichtig ist es auch, bei sich zu bleiben und sich nicht allzu sehr von äußeren Dingen und oberflächlichen Gegebenheiten ablenken zu lassen.

Die häufigste Form des ersten Kontaktes ist der über das Telefon. Gerade hier sollten Sie besonders darauf achten, dass Sie die einmalige Chance optimal nutzen. Dazu gehört unverzichtbar die Kunst, bewusst sympathisch zu sein, worauf ich bereits im dritten Prinzip eingegangen bin. Diese zwei Punkte sind eng miteinander verknüpft und das Prinzip drei kann auch hier ganz gut angewendet werden.

9 Bewusstes »Charisma-Training«

Charisma bedeutet Ausstrahlung und ist Ihre »energetische Signatur«, die Sie strahlen lässt und für das resonanzfähig macht, was Ihnen entspricht. Es ist Ihre Wahl, überzeugend, mitreißend, begeisternd, beeindruckend und vor allem erfolgreich zu sein. Das wiederum ist aber von Ihrer bewussten oder unbewussten Ausstrahlung abhängig. Über die »energetische Signatur« habe ich schon mehrmals geschrieben. Doch auch hier ist es wichtig, nicht nur zu wissen, was möglich ist, sondern es auch zu nutzen.

Tappen Sie nicht in die »Das-kenne-ich-schon«- oder in die »Weiß-ich-ja-schon-längst«-Falle. Wenn Sie es schon angewendet haben und erfolgreich damit waren, dann ist das wunderbar. Wenn Sie es aber noch nicht angewandt haben oder es noch nicht zum Erfolg geführt hat, dann machen Sie sich auch hier wieder bewusst, dass Ihnen das Wissen oder ein paar Versuche nicht viel nützen werden. Ausdauer ist auch hier sehr wichtig, weil nur die Macht der Wiederholung mit dem dazugehörigen Glauben aus einer Möglichkeit ein Ergebnis formen wird. Schauen Sie einmal genauer hin und fragen Sie sich:

- Habe ich es beharrlich versucht?
- Glaube ich daran?

- Bin ich davon überzeugt?
- Kann ich es mir vorstellen?
- Bin ich es mir wert, es zu erreichen?
- Steht es mir zu?
- Will ich es wirklich?

Nur eine regelmäßige Anwendung führt auch zum Erfolg. Also »trainieren« Sie, Ihre Ausstrahlung bewusst zu verändern und nach Ihren Wünschen zu optimieren. Sie können so im anderen ganz bewusst Sympathie, Entgegenkommen, Zustimmung, Teamgeist oder die Bereitschaft zum Miteinander hervorrufen und spielend »gewinnen«.

10 Das Wunder wahrer »Konzentration«

Eine der besonderen Fähigkeiten des menschlichen Geistes ist die Fähigkeit, sich zu konzentrieren. Das bedeutet nicht, sich zu etwas zu zwingen und nur etwas ganz Bestimmtes zu denken, es bedeutet eigentlich das Gegenteil. *Es ist das Loslassen von allen anderen Dingen, außer dem einen, das Sie gerade tun.* Man könnte es auch Aufmerksamkeit oder Achtsamkeit nennen, wenn Sie sich so in Ihrem Tun vertiefen, dass Sie förmlich damit »verschmelzen«.

Bei »Konzentration« denkt man vielleicht gleich an die Schule zurück oder an den Beruf, in dem man ganz bei der Sache sein muss. Doch wahre Konzentration hat nichts mit Anspannung oder Anstrengung zu tun, sondern viel mehr mit Entspannung und Gelöstheit, worin man sich gerade erlebt. Deshalb ist der passende Ausdruck »konzentrative Entspannung«, wenn ich im Moment aufgehe und voll da bin. »Konzentrative Entspannung« schließt die »Illusion des Ich« aus und findet in der »Realität des Seins« statt. Es ist die gleiche Form, wenn ich zum Beispiel bei einem Konzert oder im Theater ganz »bei der Sache« bin. Die ganze Welt versinkt und Sie erleben nur das, was gerade geschieht. Übertragen Sie diese Form der Konzentration auf alles, was Sie tun, und erleben Sie es bewusst und hellwach. Es ist das Jetzt, das sich auftut und hervortritt, weil Sie sich im Augenblick befinden. Hier handeln Sie intuitiv und schöpfen aus voller Kraft, weil Sie einfach nur anwesend sind.

11 Die natürliche Fähigkeit der Intuition

Eine besonders wichtige Fähigkeit des menschlichen Geistes ist die Intuition. Obwohl sie eigentlich unverzichtbar ist und jeder Mensch über diese natürliche Fähigkeit verfügt, haben die meisten Menschen sie nicht »aktiviert«, sodass sie nur gelegentlich und eher zufällig geschieht. Meist erkennen sie erst beim Eintreten eines Ereignisses, dass sie es ja bereits gewusst haben. Die Aufgaben der Zukunft, die längst schon begonnen haben, sind ohne das Beherrschen des »Instrumentes Intuition« nicht mehr zu bewältigen. Unser Verstand sollte so klug sein, auf diese umfassende Möglichkeit nicht länger verzichten zu wollen. Je knapper wir unser Denken halten und je mehr wir unsere Gedanken zügeln, desto mehr wird die Intuition ihren Weg finden, um nach außen durchzudringen. Auch die Fähigkeit, Menschen und Situationen mit einem Blick zu »durchschauen«, gehört zu den Aufgaben einer gut ausgeprägten Intuition. Oft kann man gar nicht sagen, warum man etwas ablehnt oder befürwortet, man weiß es einfach, ohne dabei nur einen einzigen Gedanken zu verlieren. Mithilfe der Intuition können wir jedes Vorhaben »intuitieren« und somit einiges erkennen – was zu tun ist, welche Schwierigkeiten auftauchen, wie man sie vermeidet oder löst, um daraus einen Erfolg zu machen.

Das Wort Erfolg wird meistens mit Arbeit und Geld verbunden. Wenn ich über Erfolg spreche, dann spreche ich von einer Wirkung, die aufgrund einer bewusst oder unbewusst gesetzten Ursache erfolgt. So kann man aufatmen und erkennen, dass alles, was geschieht, ein Erfolg ist. Ob man sich nun darüber freut oder nicht, ist nur die persönliche Reaktion. *Alles, was geschieht, ist ein Erfolg, weil die Wirkung stets der Ursache folgen muss.* Intuitives Handeln zieht andere Wirkungen nach sich als eine »willentliche« und persönliche Tat. Sie werden schon bald erkennen, dass Ihre natürliche Fähigkeit der Intuition einfach unverzichtbar ist. Warum? Weil sie Ihr Leben harmonischer und »stimmiger« gestalten wird.

12 Die schöpferische Imagination

Die Verbindung zwischen Ihren Gedanken und Ihrer Realität ist die schöpferische Imagination. Sie gibt Ihrer Realität die erste Form. Schöpferische Imagination ist die Transformation einer Vorstellung in die Realität. Sie verbindet Sie mit dem erwünschten Endzustand, lässt aus der Zukunft erlebte Realität der Gegenwart werden und macht aus einer Möglichkeit eine Tatsache. Erst wenn Sie sich etwas vorstellen können, wird es sich auch verwirklichen können. Dazu verwenden Sie das Instrument der Imagination nicht wie ein Zuschauer (auf des Ergebnis schauend), sondern wie der Betroffene (der das Ziel bereits erreicht hat, vom Ergebnis aus zurückblickend) selbst. Der bewusste Gebrauch der schöpferischen Imagination lässt das, was Sie verursachen, »in Erscheinung« treten, was auch immer das ist. *Schöpferische Imagination ist »wirklichkeitschaffende« Energie, und das Imaginieren »vom Ergebnis aus« ist der Anfang aller Wunder.* Auch das ist einer meiner Leitsätze, der sehr wertvoll ist und auch Ihr Leben wunderbar formen kann. Indem Sie sich in der Situation erleben, geschieht das Unfassbare. Es ist also kein Wunsch, sondern eine »innere, bildliche Erfahrung«, die von Gefühlen und Dankbarkeit begleitet ist. Auf diese Weise können Sie Gesprächen oder Verhandlungen, schon bevor es zu einem Ergebnis gekommen ist, eine bestimmte Wendung geben. Damit können Sie jederzeit ein bestimmtes und erwünschtes Ergebnis erzielen. Sie können auf diese Weise auch spielerisch andere überzeugen, indem Sie ihnen durch Vorauserleben eine bestimmte energetische Prägung geben. Sie können sogar bereits erfolgte Ereignisse, mit allen entsprechenden Folgen für die Zukunft, durch Umerleben neu gestalten. Sie können damit auch jeden Tag umerleben oder Ihre Vergangenheit mit den entsprechenden Folgen in der Zukunft energetisch korrigieren.

Mit der schöpferischen Imagination ist alles möglich. Hier ist es nur wichtig, es so zu erleben, als wäre es bereits geschehen und keine Zweifel im Raum stehen zu lassen. Tauchen Zweifel auf, dann tut man sie beiseite und widmet sich wieder diesem »Vorausleben«, das das innere Erleben ganz einfach zur Gegenwart macht. Man könnte es auch »Herleben« nennen, denn es ist so, als ob Sie aufstehen und sich die Zeitung holen. Energetisch ist es bereits da, es muss sich nur noch manifestieren. Ihr ungebrochener Glaube wird das Seine dazutun und es in Erscheinung rufen, wenn der Zeitpunkt »stimmt« und es Ihre Entsprechung ist. Damit es Ihre Entsprechung ist, ist es wichtig zu überprüfen, ob Ihr »Ziel« auch wirklich mit Ihnen übereinstimmt. Ist das der Fall, dann wird dem auch nichts mehr im Wege stehen.

13 Die Kraft des Dankens

Dankbarkeit ist Gottes Segen. Wer dankbar ist, dem wird gegeben. Ein aufrichtiges Dankeschön trägt schöpferische Kraft in sich. Es ist einfach, für die guten Seiten im Leben dankbar zu sein. Es ist eine Kunst, für das, was uns nicht so gut gefällt, es ebenso zu sein. Reich ist der, der ein stetiges »Danke« in seinem Herzen trägt und sich von äußeren Umständen weder ablenken noch beirren lässt. Wenn man für ein »Problem« aufrichtig dankbar sein kann, dann wird es einem zum Segen.

Sei dankbar für das Leben,
es bietet dir die Gelegenheit, dich als Selbst zu erfahren.

Sei dankbar für deine Grenzen,
denn was sonst könnte dich ins Grenzenlose führen?

Sei dankbar für jede Herausforderung,
weil sie dich formt, stärkt und weitet.

Sei dankbar, dass du nicht alles weißt,
weil es dir die Möglichkeit gibt zu erinnern.

Sei dankbar, wenn du müde und erschöpft bist,
so bekommst du die Chance, auf deinen Körper zu hören.

Sei dankbar, dass du nicht alles hast,
wonach würdest du sonst streben?

Sei dankbar für deine Fehler,
aus denen du wunderbar lernen kannst.

Sei dankbar für Zeiten, die du schwierig nennst,
nur in ihnen wirst du wachsen.

Sei dankbar für alles,
denn es hat dich hierher gebracht.

14 Die Macht des Glaubens

»Das, was wir glauben, bestimmt das, was wir erleben, denn einem jeden geschieht nach seinem Glauben.« Das ist der Leitsatz, den wir uns gut merken sollten, denn er bringt uns ans Ziel. Die meisten Überzeugungen sind jedoch »unsichtbar«. Wir können sie nicht erkennen, doch sind sie hochwirksam und bestimmen unser Leben. Durch die Umstände die sie hervorbringen, werden sie jedoch sichtbar gemacht und treten als unsere Realität in Erscheinung. Wir können nur so viel Erfolg, Gesundheit und Glück haben, wie unser Glaube es zulässt. Jeder Zweifel verhindert nur, das Ziel zu erreichen. Der Zweifel trägt eine andere Energie in sich, wie es der Glaube tut. Der Zweifel wird dementsprechende Folgen haben und auch dem Glauben folgt das Seine. Dem Zweifel kann aber nicht die Erfüllung folgen, die im Glauben beheimatet ist. Auch umgekehrt wird das nicht möglich sein. Alles, was sich außerhalb unseres Glaubens befindet, wird unerreichbar bleiben, außer wir ändern unsere Überzeugungen, dann ist alles möglich. Bestimmen Sie Ihre Überzeugungen nicht bewusst, dann übernehmen die bisherigen Überzeugungen (die Sie zusammengetragen haben und die in Ihnen zum Programm geworden sind) die Gestaltung Ihrer Zukunft. *Sie erleben Ihre Realität als sichtbar gewordene Überzeugung.*

Wenn Sie glauben, etwas zu schaffen oder zu erreichen, werden Sie in beiden Fällen recht behalten. Doch jede Situation, jeder Umstand etc. kann jederzeit »umgeglaubt« werden. Es stellt sich nur die Frage, ob es Ihnen wichtig genug ist, sich dafür Zeit zu nehmen. Wenn es Ihnen egal ist, wie Ihr Leben verläuft, dann ist es auch gleichgültig, was Sie glauben und denken. Wenn Sie aber Ihren Lebensplan erfüllen möchten und die ewigen Achterbahnfahrten des Lebens hinter sich lassen wollen, dann sollten Sie etwas »tun«. Dieses »Tun« ist keine spezifische Handlung, es ist eine Neuorientierung, die Ihre Sichtweise und Ihre Wahrnehmung neu ausrichten wird. Es ist die Verlagerung von der Täuschung in die eine Wirklichkeit, wo Gedanken unwichtig sind und ein tiefer Glaube besteht. Dieser Glaube ist mit keiner Religion verknüpft, sondern »weiß« um das Eine, das in allem ist.

»Der Glaube versetzt Berge.« Sie haben recht, das mag vielleicht ein sehr alter Spruch sein, aber er hat nichts an Gültigkeit verloren.

15 Die Kunst des Händeschüttelns

Die Kunst des Händeschüttelns mag sich im ersten Moment etwas eigenartig anhören, doch es ist ein wunderbares »Mittelstück« oder Mittel zum Zweck, wie ich jemanden begegne. Es hat eine enorme Wirkung auf das Unterbewusstsein, denn Händeschütteln ist nicht einfach nur eine Bewegung. Das Händeschütteln »verbindet« oder »trennt«, »stößt« ab oder »zieht« an …

Ihnen ist es sicher auch schon so gegangen: Sie finden jemanden gut oder weniger gut. Sie sind sich im Klaren, dass Sie nicht bewerten sollten, doch Ihre Empfindungen sind stärker. Vielleicht haben Sie es gar nicht bemerkt, dass der Händedruck, unabhängig von allen anderen Faktoren, mit Ihren Empfindungen zu tun haben könnte. Ein lasches Schütteln versetzt uns nicht gerade in Euphorie und ein ganz starker Händedruck lässt das Emotionale und Wahrhaftige des anderen eher ersticken.

Ich gehe jetzt noch einen Schritt weiter, denn das Händeschütteln können Sie ganz gezielt für sich nutzen. Händeschütteln ist eine in unserer Gesellschaft legalisierte Berührung, die Ihnen die Gelegenheit gibt, den anderen ganz gezielt mit einer bestimmten Energie zu erfüllen. Richtig angewandt kann es so eine konstruktive Atmosphäre schaffen, bevor überhaupt irgendetwas stattgefunden hat. Bei geschäftlichen Treffen kann sogar Misstrauen abgebaut und ein positives Verhandlungsklima erzeugt werden. Erfüllen Sie den Moment des Händeschüttelns mit Ihrem höchsten Selbst oder geben Sie diesem Augenblick die Intensität eines Gefühls, welches Ihnen spontan einfällt. Finden Sie sich selbst darin wieder. Beziehen Sie diese Berührung, sich selbst und den anderen mit ein, als wäre es eins. So entsteht automatisch eine Übereinstimmung der Energien, die sich auf die Ausrichtung der Absichten auswirkt, auch wenn sie vorher noch so unterschiedlich gewesen sein mögen. Über den Händedruck können Sie den anderen im Innersten »berühren« und ganz für sich einnehmen, wenn Sie Ihr Selbst miteinbringen und in der Energie des Augenblicks ruhen.

16 Das Geheimnis der Resonanz

Das Gesetz der Resonanz kennt weder Zufall noch Schicksal. Der Resonanzkörper eines Musikinstruments kann auch nur dem Klang seiner Form entsprechen. Machen Sie sich bewusst, dass Sie ein Sender sind und ständig Energien einer bestimmten Schwingung aussenden. Mit dieser Schwingung ziehen Sie ganz bestimmte Ereignisse und Umstände, unabhängig ob sie Ihnen gefallen oder nicht gefallen, in Ihr Leben. Gleichzeitig schließen Sie andere Ereignisse und Umstände aus, auch wenn Sie sich diese noch sehr wünschen. Ein Wunsch ist erst dann effektiv, wenn er mit dem dazugehörigen Gefühl erfüllt ist und als »bereits eingetroffen« vorauserlebt wird. Sie haben eine bestimmte Schwingung und ein Ereignis hat eine bestimmte Schwingung. Wenn diese beiden Schwingungen nicht übereinstimmen, können Sie den erwünschten Endzustand nicht erreichen. Stimmen diese beiden Schwingungen aber überein, können Sie das Ergebnis gar nicht mehr vermeiden. So können Sie beliebige Ereignisse in Ihrem Leben einfach »geschehen lassen« und Ihr persönlicher Erfolg wird sich unweigerlich ergeben.

17 Subjektive Kommunikation

Die subjektive Kommunikation ist ein Weg, um andere Menschen gezielt zu erreichen und zu einem bestimmten Verhalten zu veranlassen. Dabei ist aber jeder der Überzeugung, dass es allein sein Wunsch gewesen ist. Diese Praktik setzt einige Übung voraus und braucht einige Wiederholungen. Sie ist aber sehr wirksam, obwohl der Verstand das überhaupt nicht mehr nachvollziehen kann.

Für den Verstand klingen vielerlei Dinge unmöglich, doch es gibt nichts, was unmöglich ist. Subjektive Kommunikation wendet sich unmittelbar an das Unterbewusstsein. Sie endet immer mit einer klaren Aufforderung zu einem bestimmten Handeln oder Verhalten, wobei der Aufenthaltsort des oder der anderen gar nicht bekannt sein muss. So können beliebig viele Menschen gleichzeitig erreicht und »beeinflusst« werden, weshalb dieser Weg in der Werbung besonders erfolgreich ist.

18 Die Ausrichtung der Aufmerksamkeit

Die meisten Menschen richten ihre Aufmerksamkeit fast ständig auf Schwierigkeiten und Probleme. Das ist auch der Grund, warum sie unbewusst immer mehr Schwierigkeiten und Probleme erschaffen, denn worauf ich meine Aufmerksamkeit richte, dahin fließt auch meine Schöpfungskraft. Es ist unverzichtbar, darauf zu achten, dass meine Aufmerksamkeit nie länger als ein paar Sekunden bei einem Problem oder einer Schwierigkeit bleibt. Am besten lenkt man seine Aufmerksamkeit sofort wieder auf den Moment, wenn man bemerkt, dass sich das Denken schon wieder in irgendeiner Sache verirrt hat. Man kann sie aber auch sofort bewusst abziehen und auf eine Lösung, eine Möglichkeit oder auf einen erwünschten Endzustand richten. Wer aber im Hier und Jetzt bleibt und sich dem Nachdenken entzieht, erfährt immer im selben Moment Leichtigkeit und innere Ruhe.

Wenn man die Aufmerksamkeit ganz bewusst von Mangel, Krankheit und Leid abzieht und auf Erfolg, Gesundheit und Wohlstand richtet, wird es auch als Realität in Erscheinung treten. Nun sagen viele, dass das nicht funktionieren würde. Es wird nicht funktionieren, wenn man daran zweifelt, also nicht daran glaubt, und wenn man es nicht ständig praktiziert. Es reicht nicht aus, es ein paar Mal zu machen. Es bedarf unaufhaltsamer Wiederholung. Immer wenn Sie sich dabei ertappen, an etwas zu denken, was Ihnen nicht guttut, können Sie Ihre Aufmerksamkeit sofort wieder neu ausrichten. Es ist weder anstrengend noch schwer, es braucht aber eine gewisse Zeit, dass es zur Gewohnheit werden kann. Ist es nicht besser, sich regelmäßig neu auszurichten, als regelmäßig neue Probleme zu haben? Von nichts kommt nichts, das soll man sich merken. Wenn ich sage, Sie sollten sich auf den Wohlstand ausrichten, dann meine ich hier nicht die finanziellen Angelegenheiten. Wohlstand bedeutet wohl- Stand, dass es einem »zum Wohle« steht. Das bedeutet, dass es in allen Lebensbereichen Ihres Lebens wohlstehen soll. Das gesprochene Wort kann sehr verwirrend sein und wird oft falsch aufgefasst. Deswegen betrachte man das Wort genau, bevor man es mit Vergleichen und Erinnerungen schubladisiert und zu dem macht, was es nicht ist.

Das Richten der Aufmerksamkeit ist auch der Schlüssel für die Beschleunigung der eigenen inneren Entwicklung, denn wer ständig aus seiner wahren Identität heraus denkt, redet und handelt, wird schneller »wachsen«. Dann wird ein »Quantensprung im Bewusstsein« nicht mehr zu vermeiden sein, und gleichzeitig ist dies die Rückkehr in den natürlichen Fluss der Entwicklung. Alles Unwesentliche kann so mehr und mehr zurücktreten und löst sich allmählich auf. Das Leben erfüllt sich mit dem Wesentlichen und besteht letztlich nur noch aus dem einen *Sein*.

Sie können in einer noch so schwierigen oder gar aussichtslosen Lage sein. Es hat keine Bedeutung, weil es ja augenblicklich geändert werden kann. So werden Probleme zu Chancen, Aufgaben zu Lösungen, der Mangel zur Fülle, Fehlschläge zu Erfolgen und wahre Wünsche zur Erfüllung. Das Leben wartet nur auf Ihre Anweisungen, deshalb nutzen Sie Ihre schöpferischen Qualitäten jetzt. Das Leben ist wie ein Bumerang, man sollte sich stets gut überlegen, was man aussendet, denn es gibt nichts, was nicht zurückkommen wird. Senden Sie Liebe aus und Sie werden Gleiches erhalten!

19 Die Technik des Umkreisens

Die Blitztechnik des Umkreisens ist eine weitere Möglichkeit, damit sich Ihr Ziel erfüllen kann. Nehmen Sie ein Blatt Papier zur Hand. Schreiben Sie nun in die Mitte des Blattes Ihre Absicht. Die Formulierung sollte kurz und präzise sein. Sie sollte Ihre Absicht auf den Punkt bringen. Die Ausdrucksweise sollte sich nie infrage stellen, undeutlich oder zweifelhaft sein. Am besten formulieren Sie es so, als sei es bereits erfüllt. Zum Beispiel: »Ich freue mich auf meine Tätigkeit als Architektin.« Also nicht »Ich will Architektin werden«, sondern immer bereits in der Vorfreude formuliert, als würden Sie es in Kürze ausführen. Wenn Sie also einen Job suchen, dann tun Sie so, als hätten Sie ihn bereits und gestalten Sie den Satz voller Positivität und Begeisterung. Es wird ja schon bald beginnen.

Nun schauen Sie das Geschriebene unverwandt an und konzentrieren Sie sich ganz darauf. Es geschieht frei von Anstrengung. Am besten nutzen Sie hier gleich die »konzentrative Entspannung«, die ich bereits bei Prinzip 10 geschildert habe. Nun beginnen Sie das Geschriebene mit einem Stift zu umkreisen. Kreisen Sie linksherum, denn linksherum bedeutet »verwirklichen« (rechtsherum heißt »auflösen und entfernen«). Lassen Sie sich dabei durch nichts ablenken und umkreisen Sie den Satz so lange, bis

Sie spüren, dass es sich erfüllt hat. Normalerweise dauert es ca. fünf Minuten, es kann aber auch bis zu 30 Minuten andauern. Halten Sie Ihre Aufmerksamkeit ganz auf den erwünschten Endzustand gerichtet. Er ist damit bereits Teil Ihrer Wirklichkeit, sodass er in Erscheinung treten wird. Wichtig ist, dass Sie es mit Ihrem Gefühl unterstützen, indem Sie es als erfüllt empfinden. Anschließend leiten Sie noch eine tiefe Dankbarkeit ein und lassen es einfach los. Solange Sie sich ganz dieser Sache hingeben, ist Ihr Verstand mit dem Umkreisen beschäftigt, sodass er nicht stören kann. So können keine Zweifel dazwischenfunken, die das ganze Vorhaben beeinträchtigen und in seiner Wirkung gefährden könnten.

20 Geistiges »In-Besitz-Nehmen«

Um etwas »geistig in Besitz zu nehmen«, können Sie folgende drei Schritte anwenden: Stellen Sie sich Ihren erwünschten Endzustand vor. Dies soll so lebendig wie möglich geschehen und sich wirklich anfühlen. Alternative Möglichkeiten können »anprobiert« werden. Das heißt, Sie testen einmal vorweg, wie sich der erwünschte Endzustand anfühlen wird. Stimmt er für mich? Wie fühlt er sich an? Bringt er mir die erwünschte Erfüllung? Wird er das halten, was er verspricht? Ist er optimal für mich? Ist es wirklich das, was ich will?

Wenn Sie gewählt haben, verbinden Sie sich mit dem erwünschten Endzustand, indem Sie sich in der Erfüllung erleben. Sie sehen es klar vor sich. Sie fühlen es auf allen Ebenen und erleben die Herrlichkeit dieses Zustandes, den Sie gerade manifestieren. Alle Einzelheiten zählen. Details, Gerüche, Geräusche, ja alles, was dazugehört. Sie richten sich Ihren Endzustand wie ein Puppenhaus ein, in das Sie Möbel stellen würden. Schlüpfen Sie hinein und erleben Sie sich in der Erfüllung. Erleben Sie, dass es bereits geschehen ist. Wenn Sie von einem starken Gefühl der Freude und der Dankbarkeit erfüllt sind, zeigt das an, dass der Auftrag vom Leben angenommen wurde. Seine Verwirklichung hat bereits begonnen. Es manifestiert sich. Sie können so jeden beliebigen Zustand als Realität manifestieren. Sobald Sie etwas so geistig in Besitz genommen haben, ist es den Ereignissen nicht mehr möglich, sich anders zu manifestieren, es sei denn, Sie glauben nicht daran. Der Zweifel verhindert die Realisierung. Denken Sie daran: »Einem jeden geschieht nach seinem Glauben.«

21 Die »Kunst der Revision«

Das, was wir Realität nennen, manifestiert sich zunächst auf der energetischen Ebene, bevor es im Außen als Ereignis »in Erscheinung« tritt. Bevor es grobstofflich werden kann und wir es sehen können, schwingt es auf feinstofflicher Ebene und ruht in sich. Alles ist jederzeit vorhanden und im universellen Raum abgespeichert. Diese »energetischen Erinnerungen« prägen unser Leben. Deshalb ist es wichtig und nützlich, alle Ereignisse, die nicht optimal gelaufen sind, »energetisch umzuwandeln«. Dies kann man täglich mithilfe einer »Tagesrückschau« erledigen. Wir erleben in der Imagination noch einmal die Ereignisse des Tages. Wir erleben Sie aber nicht so, wie sie waren, sondern so, wie sie hätten sein sollen. Wir erleben den optimalen Verlauf also mit Bild, Gefühl und »allem Drum und Dran« und korrigieren so das Geschehen auf der energetischen Ebene. Das ändert zwar nicht die Ereignisse, denn die sind ja ohnehin schon für immer vorbei, aber das Ereignis wird energetisch mit der entsprechenden Wirkung als Zukunft neu geboren. Zum Schluss richten wir unsere ganze Freude und Dankbarkeit auf den so revidierten Tag und lassen ihn los. Das Ausmaß einer solchen Revision wird Sie immer wieder verblüffen. Auf diese Art und Weise kann man nicht nur seine Vergangenheit »bereinigen«, sondern auch zukünftige Ereignisse mit den entsprechenden energetischen Folgen »revidieren«.

Wenn etwas »schief«gelaufen ist oder als sehr mühsam empfunden wird, ist der folgende Satz sehr hilfreich: »Nichts ist bleibend, alles geht vorbei.«

22 Unmittelbares Lernen

Wir alle haben das Lernen auf eine gewisse Art und Weise praktiziert. Unser ehemaliges und bisheriges Lernen hat einen ganz bestimmten Ablauf, den wir uns nur allzu gut eingeprägt haben. Wir hören, lesen oder sehen etwas, und der Verstand beginnt damit, es zu bewerten. Er fragt sich: »Ist das neu?«, »Ist das wichtig?«, »Ist das richtig?« usw. Dann wird es im Kurzzeitgedächtnis gespeichert, soweit es als wichtig bewertet wird. Wird es dort in nächster Zeit erneut aufgerufen – vor allem wenn es mehrfach aufgerufen wird –, landet es im Langzeitgedächtnis. Geschieht das nicht, dann wird es wieder »vergessen«. Das ist ein ganz herkömmlicher Ablauf in unserem Hirn, den wir seit jeher so ausüben.

Ganz anders aber ist es, wenn wir unmittelbar lernen, wenn wir also mit dem Bewusstsein wahrnehmen, anstatt mit dem Verstand zu denken. Hier ist der Ablauf viel kürzer, denn er ist unmittelbar. Es gibt keinen Umweg des Denkens, sondern die Wahrnehmung erfolgt direkt. Es ist ein Erfassen und *Sein*. Da es nun Teil des eigenen Bewusstseins ist, kann es nie wieder vergessen werden. Alles ist im morphogenetischen Feld abgespeichert. Wenn es uns gelingt, uns dort einzuschwingen, uns als Bewusstsein erfahren, dann steht uns jegliche Information immer und uneingeschränkt zur Verfügung. Wenn wir »bei Bewusstsein« sind und uns an unser Selbst erinnern, indem wir uns darin wiederfinden, können wir alles wie auf Knopfdruck einsehen. Es ist nicht anstrengend, erfordert keine erhöhte Konzentration und kann auch nicht mehr vergessen werden. Die Wahrnehmung kann auch ganz gut über eine gezielte Aufmerksamkeit trainiert werden. Je aufmerksamer und wacher ich im Leben bin, desto weniger werde ich denken. Je weniger ich denke, desto mehr nehme ich wahr.

23 Die Auflösung der »kollektiven mentalen Hypnose«

Bei unserer Geburt bekommen wir nicht nur einen Körper, sondern auch die dazugehörigen Sinne frei Haus geliefert. Diese Sinne lassen uns das Leben ganz anders wahrnehmen, als es tatsächlich ist. Wir treten also in ein sogenanntes Energiefeld einer »kollektiven mentalen Hypnose«, durch die wir eine bestimmte Sicht der Dinge bekommen. Dadurch vergessen wir, dass wir selbst der Schöpfer unserer Lebensumstände sind. Wir schauen nur auf die äußeren Auslöser, weil unsere Sinne dazu tendieren, sich völlig auf das Wahrgenommene einzulassen. Die Sinne hängen träge an den Objekten, und es ist gar nicht so leicht, sie zu beruhigen und vom schweren Außen wegzubewegen.

Die Sinne können auch nicht die energetische Ursache für das erkennen, was wirklich ist. Dies geschieht auf einer ganz anderen Ebene. Durch dieses Missverständnis setzen wir ständig neue Ursachen und empfinden die entsprechenden Wirkungen als überraschende Ereignisse. Das Ursache-Wirkungs-Prinzip ist wohl eines der einfachsten: »So, wie wir sind, so wird uns geschehen« und »Das, was wir aussenden, werden wir erhalten.« Einfacher kann es nicht sein und wir wissen das auch. *Doch das Wissen reicht auch hier nicht aus, es muss verinnerlicht werden.* Verstehen nutzt eben nicht viel.

Der Mensch glaubt an Glück, Pech, Zufall und Schicksal und erkennt nicht mehr, dass es nur Ursache und Wirkung gibt und dass bei einer gesetzten Ursache die entsprechende Wirkung eintreten muss. Er erkennt nicht mehr, dass Schicksal in Wirklichkeit »Machsal« ist und dass wir alle als »Gewinner« geboren werden. Wir haben alle ein unbegrenztes geistiges Potenzial, nachdem wir uns umsehen sollten. Wir haben unsere großartigen und uneingeschränkten Fähigkeiten nur zu einem ganz geringen Teil »in Besitz« genommen. Es wird Zeit, dass wir diese »kollektive Hypnose« erkennen und auflösen und wieder zu unserer eigentlichen Größe erwachen. So können wir unser Leben und unsere Zukunft frei bestimmen, ohne ständig in Verirrungen festzusitzen. Die Umstände können noch so schwierig erscheinen und eine Situation kann noch so verfahren sein – es hat keine Bedeutung. Sobald wir aus der »kollektiven Hypnose« erwachen, werden wir unsere natürliche Schöpfungskraft nutzen können. Es ist der Moment, wenn das Ich zum Selbst erwacht.

24 Ereignisse energetisch bestimmen, bevor sie geschehen

Es beginnt damit, dass wir durch die bewusste Anhebung und Veränderung unserer »energetischen Signatur« zunächst einmal keine unerwünschten Ereignisse mehr unbewusst anziehen. Auch unerwünschte Energien sollten sofort aufgelöst werden, bevor sie als Realität in Erscheinung treten. Dazu gibt es eine wunderbare Möglichkeit. Wir lernen in Energiequalitäten »zu denken« und energetisch wahrzunehmen, damit wir erkennen, wo wir eingreifen sollten. Energetisch wahrnehmen bedeutet, es so wahrzunehmen, wie es ist und es nicht so zu sehen, wie es zu sein scheint. Wir müssen also etwas tiefer gehen und die Dinge in ihrem Kern erfassen. Ein oberflächliches Hinsehen wird nichts bewirken. Wir können als »Zukunftsdesigner« das, was noch nicht in Erscheinung getreten ist, ganz bewusst nach unseren Wünschen gestalten. Das heißt auch, ein Gespräch oder eine Verhandlung durch bewusstes »Vorauserleben« energetisch in eine bestimmte Richtung zu bringen, um ein bestimmtes Ergebnis zu erzielen. Wir sollten für alles in unserem Leben die volle Verantwortung übernehmen und damit aufhören, an Glück, Pech oder Zufall zu glauben. Wenn wir die Macht des Glaubens sinnvoll einsetzen, indem wir ganz bewusst Erfolg schaffende Überzeugungen wählen, ist das ein Schritt in ein neues Bewusstsein. Erkennen wir also, dass alles im Leben eine Chance ist. Es wird nichts mehr dem »Zufall« überlassen, das heißt also, dass keine unbewussten Ursachen mehr gesetzt werden, die Wirkungen nach sich ziehen und die wir dann Zukunft nennen. Zu diesem 24. Prinzip gehören auch viele weitere Punkte der 30 goldenen Prinzipien wie

- durch »Vorauserleben« alternative Zukünfte erschaffen und sie »anprobieren«, um gewünschte Ereignisse energetisch zu verursachen.

- den erwünschten Endzustand geistig »in Besitz« nehmen, sodass das Ergebnis feststeht, bevor es sich manifestiert.

Wir sollten uns also immer erst auf den Weg machen und den ersten Schritt dann tun, wenn wir »bereits am Ziel sind«. Nur so werden wir im Leben »ankommen« können. »Erst gewinnen, dann beginnen.« Dieser Leitsatz ist sehr wichtig, da er das energetische Vorerleben und Manifestieren in sich trägt. Bestimmen auch Sie Ihre Zukunft, bevor sie »erfolgt«, sodass sie nur diese eine von Ihnen bestimmte Form annehmen kann und so in Erscheinung treten wird.

25 Das Verstehen der »Sprache des Lebens«

Das Leben »spricht« ständig zu uns. Alles, was geschieht, ist eine Botschaft. Wir haben nur verlernt, darauf zu hören. Auch hier kommt wieder die Achtsamkeit zum Tragen. Sie sehen also, wie wichtig es ist, achtsam zu sein. Erkennen Sie die Botschaft in allem, was geschieht, indem Sie über Ihre Sinne hinausgehen und in sich hineinspüren. Jede Botschaft ist auch immer eine Aufforderung. Sie sind aufgefordert zu überprüfen, ob es so »stimmt« oder ob es nicht anders besser wäre. Hier geht es nicht um persönliche Vorlieben, sondern um Entsprechungen. Entspricht es Ihrem Sein oder ist es unwichtig und könnte erneuert werden?

Auch der Körper sendet uns andauernd Botschaften. Wir sind vergesslich und stumpf geworden und sehen kaum über unsere Sinneswahrnehmungen hinaus. Das beginnt schon damit, dass wir nicht einmal mehr spüren, was der Körper gerne »essen möchte«. Wenn er krank ist, dann versuchen wir die Symptome loszuwerden und zu unterdrücken, anstatt herauszufinden, aus welchem Grund der Körper reagiert. Der Körper kann nicht von sich aus krank werden, sondern spiegelt uns immer nur eine Disharmonie des Bewusstseins wider. Das geschieht nur zu dem einen Zweck, dass wir an unserer inneren Haltung etwas verbessern und verändern können. Wenn wir uns nicht darum kümmern, schickt er uns Schmerzen, sodass wir gezwungen sind, uns damit zu befassen. Auch die »Sprache der Lebensumstände« verstehen wir kaum, warum sonst würden wir sie ignorieren oder einfach loswerden wollen? Nichts davon ist Zufall. Alles trägt eine Botschaft mit der Bitte um Prüfung (und wenn notwendig, um die gewünschte Änderung) in sich.

Auch auf die »Sprache unserer Beziehungen«, die »Sprache unserer Probleme« und die »Sprache unserer Erfolge« sollten wir wieder achten. Wir versuchen die wertvollen Hinweise unter den Teppich zu kehren, anstatt sie einmal etwas genauer unter die Lupe zu nehmen. Warum tun wir das? Weil wir andauernd mit irgendetwas Unnützem beschäftigt sind. Probleme kommen nicht ins Leben, damit wir sie wegschieben oder schnell beseitigen, Probleme entstehen, weil wir die wahre Lösung für das irdische Chaos noch nicht entdeckt haben. Alles ist immer eine Botschaft und Chance zum Besseren. Vergessen wir das nie.

26 Die Kunst des »Face-Reading« lernen

»Face-Reading« ist ein Teil der Menschenkenntnis. Es bedeutet, in den Gesichtern des Menschen zu lesen. Hier spielen nicht nur die Form und das Aussehen eine Rolle, sondern es werden auch Aspekte miteinbezogen, die sich zwar im Gesicht spiegeln, aber nicht mit dem Auge wahrgenommen werden können. Natürlich ist das, was wir sehen können, ein sehr naheliegender und tatsächlicher Hinweis, der kaum übersehen werden kann, wenn wir uns das wirkliche »Hinzusehen« zu Eigen gemacht haben.

Das äußere Aussehen macht nur die innere Wirklichkeit sichtbar. Man könnte sagen, das seelische Gemüt formt den Körper. »Wie innen, so außen« heißt das Gesetz. Wenn Sie gelernt haben, im Gesicht eines Menschen zu »lesen«, dann werden Sie das wahre Wesen Ihres Gegenübers erkennen und jeden, auch sich selbst, durchschauen können. Der Körper kann nicht lügen, er kann nur das widerspiegeln, was ist. »Face-Reading« ist daher eine unverzichtbare Kunst auf dem Lebensweg. Sie brauchen nur »lesen zu lernen«, indem Sie in die Wahrnehmung übergehen und mit Ihrem Bewusstsein »sehen«. Dann erkennen Sie die Wirklichkeit hinter dem Schein.

27 Die richtigen Anweisungen geben, das Leben richtig »führen«

»Das Leben wartet auf Ihre Anweisungen.« Diesen Satz haben Sie sicher schon öfter gelesen. Haben Sie ihn auch befolgt? Warten Sie doch nicht länger und machen Sie doch am besten jetzt von Ihrer natürlichen Fähigkeit des Verursachens Gebrauch! Doch wie soll das gehen? Gedanken, Gefühle, Überzeugungen und Taten sind Anweisungen! Auch schöpferische Imagination und geistiges »In-Besitz«-Nehmen sind Anweisungen. Im Prinzip ist jede Regung eine Anweisung. Wäre uns das bewusst, dann würden wir viele Sachen anders machen oder nicht mehr tun. Stellen Sie sich einmal vor, dass jede Bewegung, körperlich wie geistig, eine Wirkung nach sich zieht. Das Leben versteht jede Bewegung als Anweisung. Man könnte aber auch sagen, dass jeder Bewegung eine Bewegung folgen muss. So wie beim Wasser im Meer, wenn eine Welle der anderen folgt. Am Start stehen »Gewinner« und »Verlierer« bereits fest. Die »Verlierer« bräuchten gar nicht erst zu starten, und die »Gewinner« bräuchten sich keine Sorgen zu machen. Alles, was Ihnen auf Ihrem Weg durch dieses Leben begegnet, ist eine Folge der von Ihnen bewusst oder unbewusst gegebenen Anweisungen. Achten Sie darauf, Ihre Signale bewusster zu setzen und unbewusste Signale weitgehend zu minimieren. Wenn Sie eine

Wahl treffen und sich wundern, dass Ihr Leben anders verläuft, dann sehen Sie einmal etwas genauer hin. *Das Leben, das Sie jetzt leben, ist Ihre Wahl!* Wahrscheinlich ist es die Folge vieler unbewusster Anweisungen. Ändern Sie das! Sie haben in jedem Augenblick aufs Neue die Wahl. Alles ist möglich. Das Leben ist ein Spiel und Sie sind am Zug.

28 Das Gesetz der Wandlung

Im vorherigen Prinzip wurde es bereits angedeutet: »Die Realität ist bereit, jede beliebige Form anzunehmen, und das Leben wartet nur auf Ihre Anweisungen.« Die »Kunst des Wandelns« ist eine Anweisung. Alles, was ist, kann in das, was sein soll, gewandelt werden. Eine Situation kann noch so schwierig sein, es ändert nichts daran, dass auch sie jederzeit gewandelt werden kann. Sie können sie nicht wandeln, indem Sie versuchen, die Situation zu verändern. *Nur wer sein Bewusstsein erhebt, seine Sichtweise ändert, achtsamer wird, innehält und gedankenbefreit durch das Leben geht, dem wird es gelingen.* Tatsachen sind »Sachen«, die einmal »getan« worden sind und die jederzeit anders »getan« werden können. Die Tatsache ergibt sich also aus der Tat einer Sache. So einfach kann man das ausdrücken. Die Einfachheit der deutschen Sprache ist wirklich keine Kunst. Vielleicht auch zu einfach, um sofort erkannt zu werden. Würde man die Wörter genauer betrachten, könnte man es sehen. Das »Instrument« der Wandlung ist »Imagination«, das heißt die Änderung der Richtung meiner Aufmerksamkeit und die entsprechende Änderung meiner Energie. Permanentes Wandeln heißt, alles Unstimmige immer *sofort* zu wandeln. Sie können aber auch sich selbst wandeln, indem Sie die Illusion des Ich durchschauen.

29 Die vergessene Kunst des Segnens

Werden Sie zum Segen, indem Sie sich öffnen und der Stimme Ihrer Seele lauschen. Das Segnen ist nicht nur etwas sehr Heilsames, es kann auch zu einem wichtigen Schlüssel zur Bestimmung der Zukunft werden. Auch wenn der Verstand den Segen gerne mit dem Bereich der Religion in Verbindung bringt, kann ein jeder Mensch das Segnen in sein alltägliches Leben einfließen lassen. Es ist eine natürliche Fähigkeit des Menschen, andere Menschen, Dinge und Situationen zu segnen und damit im gleichen Augenblick segensreich zu verändern. Erleben Sie einmal, was geschieht, wenn Sie den Tag segnend beginnen. Nicht nur Schwierigkeiten und Probleme lösen sich auf oder hören damit auf, weiterhin ein Problem zu sein, sondern alles fühlt sich leichter an. Vor allem Beziehungen können sich durch das regelmäßige Segnen wie durch einen geheimnisvollen Zauber in ihr Ideal verwandeln.

Das Segnen ist etwas, das aus tiefstem Herzen kommt. Es ist eine innere Überzeugung und keine Übung, die einfach so gemacht wird. Während Sie etwas segnen, sollten Sie ganz bei Bewusstsein sein, denn die Stärke der Energie hat einen wesentlichen Einfluss auf das, was geschieht. Alles kann gesegnet werden, alles, was Ihr Leben ausmacht, und alles, was ist. Die Form des Segnens ist ohne Bedeutung, wenn sie nur ehrlichen und aufrichtigen Herzens geschieht. Sie können sich den Segen denken, ihn aussprechen, ihn aufschreiben oder einfach nur fühlen. Im gleichen Augenblick beginnt der Segen auch schon segensreich zu wirken.

Ich weiß, das alles hört sich unglaublich an. Deshalb möchte ich Sie bitten, mir kein Wort zu glauben, sondern es selbst zu erleben. Segnen Sie den ersten Sonnenstrahl, den Geldschein, den Sie weitergeben, Speis und Trank, Ihre Tiere, einen Baum oder, wenn Sie möchten, die ganze Welt. Alles was Sie so ehrlichen Herzens segnen, ist nicht nur im gleichen Augenblick gesegnet, es wird Ihnen auch zum Segen werden. »Segne ich einen Feind, gewinne ich einen Freund.« Die Macht des Segens ist in jedem Augenblick bereit, für Sie zu wirken. Wenn Sie wollen, werden Ihr Leben, Ihre Beziehung und Ihre Situation im gleichen Augenblick damit beginnen, sich segensreich zu verändern.

30 Der bewusste Identitätswechsel

Im Jetzt sein heißt, Liebe zu sein. Indem Sie die Identität Ihres illusionären Ich-Daseins beenden, können Sie in Ihr wahres Selbst übergehen. Es ist nicht nur ein kompletter Wandel, auch Ihr Umfeld wird sich dementsprechend verwandeln. Wenn Ihre momentane Lebenssituation, Ihre bisherige Schöpfung, nicht mehr mit der bisherigen Energie versorgt wird, die dem Ich-Dasein entsprochen hat, dann wird sie sich wandeln. Diese Erneuerung wird sich natürlich auch im Außen Ihrem Selbst anpassen. Alles andere löst sich auf. Das ist kein Grund, Angst zu haben. Es ist nicht so, dass Ihnen das Leben alles wegnehmen wird, was Sie lieb gewonnen haben. Im Gegenteil. Sie werden sich nicht nur zufrieden fühlen, Sie werden die Zufriedenheit sein. Ihre Sichtweise und Wahrnehmung ändern sich und Sie werden nicht mehr zwischen »gut« und »besser«, »weniger gern« oder »mehr gern« haben unterscheiden. Sie werden in allem das göttliche Licht erkennen können. Alles ist gleichwertig, in allem erstrahlt das Selbst. Sie begegnen in allem immer nur sich selbst, die menschlichen Hüllen oder irdischen Verkleidungen mögen sein, wie sie wollen. Sie haben erkannt, dass es keine Trennung gibt, dass es nur eine Energiequelle gibt, die sich beliebig ausdrückt und zeigt. Alles ist Gott.

Auf dem Weg der Weisheit

Jeder Mensch trägt die Weisheit in sich. Die Weisheit erfährt sich selbst. Weisheit ist kein Ziel, das man irgendwann erreicht, Weisheit ist das Höchste in sich. Man kann aber auch weise leben. Dieser Weg beginnt damit, dass ich den ersten Schritt auf mich zugehe, mich dem Leben und mich selbst, meinem Selbst, öffne. Mit diesen kleinen Hinweisen möchte ich auf ein weises Leben hinweisen, welches unweigerlich in die Erfüllung führt.

Gelebte Weisheit ist ...
... leben als der, der ich bin.
... in der ständigen liebevollen Präsenz des Seins leben.
... bewusst leben.
... das Geschenk zu entdecken, hier und jetzt am Leben zu sein. Alles, was geschieht, ist ein zusätzliches Geschenk.
... wertungsfrei leben.
... zu erkennen, dass angenehm oder unangenehm immer nur eine persönliche Empfindung, also ein Urteil, ist.
... freudig leben.
... ein Segen zu sein.
... ein segensreiches Leben zu führen.
... humorvoll leben.

… zu wissen, dass ich in jedem Augenblick eine Wahl treffen kann.

… zu leben, ohne zurück oder nach vorne zu schauen.

… zu erkennen, dass Leben immer nur jetzt ist. Ich kann weder vorher noch nachher leben, nur jetzt ist das Hier. Nur wer jetzt lebt, ist hier.

… in der reinen Wahrnehmung zu leben.

… in das Jetzt zurückzukehren und ganz »da« zu sein. Was dann geschieht, ist wahres Leben.

… ohne Furcht zu leben.

… das Leben als »Spiel« zu sehen, das mir zur Freude gespielt wird.

… in Gelassenheit zu leben.

… das Ende allen Leidens, weil das verschwindet, was sich das Leiden eingebildet hat.

… in Stille zu leben.

… das Ende aller Probleme und die Erkenntnis, dass es keine Probleme gibt. Es gibt nur Auf-Gaben und *jede* Auf-Gabe ist ein »Geschenk des Lebens«, eine Gabe an mich.

… präsent sein.

… ständiges Loslassen. Die Darstellungsform des Augenblicks zu bejahen und ihn so sein zu lassen, wie er es will.

… das Leben zelebrieren.

… sich dem Wesentlichen zu widmen und Unwesentliches ruhen zu lassen.

… als Selbst zu leben.

Nachwort: eine Zusammenfassung

Wer sich für das Leben öffnet, öffnet seine Seele. »Ankommen« bedeutet, dem Leben mit Achtsamkeit zu begegnen und mit offenem Herzen dem Leben zu lauschen. Wir haben bei der Geburt alles Notwendige mitbekommen, um den Himmel auf Erden zu erfahren. Es gibt viele Möglichkeiten, die uns auf unserem Weg eine zusätzliche Hilfe sein können, ob das nun Übungen oder Praktiken sind. Sicher führen sie uns vorerst von uns selbst weg, weil wir uns ja den Übungen zuwenden, doch sie unterstützen uns darin, offener zu werden, unsere Gefühle wahrzunehmen und die Welt emotionaler wahrzunehmen; denn das ist es, was uns fehlt: das Gefühl, sich selbst und was jetzt ist, zu spüren und zu erkennen, was der Augenblick uns zeigt. Wir sind hier, um alles tiefer zu erfassen. *Nur wer offen durch das Leben geht, wird auch ankommen können* oder, besser gesagt, wird auch erkennen können, dass er schon angekommen ist.

Was wir suchen, ist *das, was wir sind,* und *das, was ist,* kann jederzeit erkannt werden.

Viele Menschen tappen immer wieder gerne in die »Kenne-ich-schon«-Falle, weil sie meinen, vieles schon gehört und gelesen zu haben. Das mag so sein, aber haben sie es auch umgesetzt? Nur gelebtes Wissen ist wertvoll. Meistern Sie das »Spiel des Lebens«, indem Sie Funktionen, Aufgaben und Möglichkeiten erkennen und durchschauen, denn das Spiel kann immer nur so harmonisch verlaufen, wie es auch Ihr Bewusstsein ist. Das Leben bedeutet Dualität. Es bedeutet kalt und warm, dunkel und hell, gut und schlecht etc. Was heute als gut empfunden wird, kann morgen schon ganz anders sein. Was wir immer wissen sollten: Was auch immer geschieht, ist eine Erfahrung, die notwendig ist, die uns wachsen lässt, die uns stärkt, die uns etwas sagen möchte und die nur ein weiterer Schritt auf einer Reise ist, auf der kein Schritt ausgelassen werden kann. Deswegen ist es gar nicht so schlimm, diesen Schwankungen zu unterliegen, weil sie ja nicht bleibend sind. Sie schwanken und sind mal so, mal so. Bewusstsein ist gleich bleibend.

Dieses Buch lädt Sie dazu ein, in das ewige strahlende Licht, das sich tief in Ihnen verbirgt, einzutreten. Sind Sie erst einmal bei vollem Bewusstsein, dann gibt es nichts mehr, das stört.

Derjenige, der sich an etwas stört, ist selbst der Störenfried, denn er entdeckt darin immer nur sich selbst.

Die meisten Menschen warten ein Leben lang darauf, dass das Leben endlich beginnt, harmonisch zu verlaufen. Sie fragen sich: Wann beginnt denn nun das Leben? Das kann doch noch nicht alles gewesen sein? Nicht nur der Mensch, auch das Leben wartet nur darauf, dass es gelebt wird. So befindet sich alles in einer Warteposition. Wer tut den ersten Schritt, wenn nicht Sie ihn tun? Wann wollen Sie damit beginnen, dem Leben bewusst gegenüberzutreten und es als derjenige zu erleben, der Sie wahrhaftig sind?

Die Regelmäßigkeit das täglichen bewussten Seins ist eine Grundvoraussetzung, damit die Samen wachsen können.

Mit den Wegweisern zur Lebensoptimierung ist es nur ein einziger Schritt vom Wissen zum Bewusstsein. Das Sein ist »pure Präsenz« und das Gegenteil von den Einbildungen des Egos. *Solange man den Sinn des Lebens nicht entdeckt hat, wird es weiterhin sinnlos sein.* Machen Sie sich deshalb auf den Weg, um sich selbst zu entdecken. Die Reise wird vielfältig sein, so vielfältig wie das Leben selbst. Doch lassen Sie sich nicht davon ablenken, wenn es einmal nicht Ihren Vorstellungen entspricht. Bleiben Sie am Spielbrett des Lebens ausdauernd und stark, und nutzen Sie es, um sich selbst zu erkunden.

Nur weil wir uns immer wieder den unwichtigen Dingen zuwenden, verlieren wir das Wesentliche aus den Augen. *Wie kann irgendetwas im Leben wertvoller sein, wo es doch nichts gibt außer Bewusstsein?* Das Leben ist etwas Wunderbares, und im Prinzip sind wir ja schon reich beschenkt worden, weil wir in diesem Bewusstseinsspiel der Erde mitspielen dürfen. Nur dem Menschen wurde der Schlüssel ins Herz hineingelegt, der es ihm ermöglicht, das Tor der ewigen Sonne zu öffnen.

Wenn Sie den Mut aufbringen, Ihren Gefühlen zu begegnen, ohne Sie dabei loswerden zu wollen, dann sind Sie einen Schritt weiter. Das Leben zu meistern bedeutet, die Illusion zu durchschauen. Erleben Sie Meditation einmal anders und gestalten Sie den Alltag meditativ. Bewusstes Tun im Jetzt ist etwas, das uns einige Schritte voranbringen wird, doch es liegt an Ihnen, es auch umzusetzen. Hinsehen und erkennen bedeutet, ruhiger und gelassener zu werden, denn nur wer in sich still wird, wird auch die unsichtbaren Treppen erklimmen. Ein langsames Erwachen zu sich selbst bedarf einer absoluten Lebensbejahung. Nicht nur das gutzuheißen, was man mag, sondern alles im Leben zu begrüßen. Für alles, das ist, dankbar zu sein, ist eine Kunst im Leben. Es ist eine Kunst, die Sie für sich gewinnen sollten. Wenn Sie ein paar der 30 goldenen Prinzipien anwenden, um sich dem Leben zu öffnen, dann werden Sie Leichtigkeit erfahren und erstaunt sein, welche Türen sich plötzlich öffnen. Es spricht aber nichts dagegen, alle Prinzipien anzuwenden und sie zu Ihrem Lebensinhalt zu machen. Entscheiden Sie selbst, was Ihnen entspricht.

Merken wir uns eines: Jede gute Tat, jeder liebevolle Gedanke, jede Hinwendung zu Gott, jeder Moment der Stille und jeder bewusst erlebte Augenblick sind nicht nur beiläufige Momente oder belanglose Aussagen und Taten. Alle Gefühle und jeder einzelne Gedanke werden festgehalten, denn im Universum geht nichts verloren. Die Summe dessen ist dafür ausschlaggebend, was wir dafür bekommen, das heißt, was in unserem Leben geschieht und was uns widerfährt. Was wir hineingeben, bekommen wir tausendfach zurück. Man könnte es mit einer Geldeinlage vergleichen, die wir auf ein Konto einzahlen. Langsam, aber sicher wächst es zu einem Vermögen heran. Sehen wir es als Anlage, als unser Kapital, denn wer viel investiert, wird die absolute Fülle ernten.

LESERSERVICE

Kurt Tepperwein persönlich
oder in einem Heimseminar erleben!

Wünschen Sie tiefer in das Thema dieses Buches
einzusteigen, dann empfehlen wir Ihnen, die folgende
Chance zu nutzen *(Gewünschtes bitte ankreuzen!)*:

Seminare/Ausbildung

❏ Motivationsseminare mit verschiedenen Themen
(Tagesseminare)
❏ Ausbildung zum Dipl. Lebensberater/in

Ausbildungen mit Felix Aeschbacher
(Lehrbeauftragter von Kurt Tepperwein):

❏ Dipl. Mental-Trainer/in
❏ Dipl. Bewusstseins-Trainer/in
❏ Dipl. lntuitions-Trainer/in
❏ Dipl. Seminarleiter/in
❏ Meditations-Trainer/in (Zertifikat)

Heimstudienlehrgänge

- ☐ Einführungslehrgang »Die 7 Schritte zur Erfolgs-persönlichkeit«
- ☐ Dipl. Lebensberater/in
- ☐ Dipl. Mental-Trainer/in
- ☐ Dipl. Intuitions-Trainer/in
- ☐ Dipl. Seminar-Leiter/in
- ☐ Dipl. Erfolgs-Coach/in
- ☐ Dipl. Gesundheits- und Ernährungs-Berater/in
- ☐ Dipl. Partnerschafts-Mentor/in

Gesamtprogramme

- ☐ Gesamtseminar- und Ausbildungsprogramm IAW
- ☐ Neuheiten der Bücher, CD- und DVD-Programme von Kurt Tepperwein
- ☐ Gesundheitsprodukte-Programm

Dazu ein persönliches Geschenk

- ☐ Die 20-seitige Broschüre »Praktisches Wissen kurz gefasst« von Kurt Tepperwein

Sie erhalten Ihre gewünschten Informationen selbst-verständlich kostenlos und unverbindlich bei

Internationale Akademie der Wissenschaften (IAW)
St. Markusgasse 11. FL-9490 Vaduz.
Tel. 00423 233 12 12 – Fax 00423 233 12 14

E-Mail: go@iadw.com – Internet: www.iadw.com